금강산의 메아리

현대수필가100인선Ⅱ·88

금강산의 메아리

서경림 수필선

수필과비평사 · 좋은수필사

■ 책머리에

수필은 누구나 부담 없이 읽고, 마음만 먹으면 직접 쓸 수도 있는 가장 친근한 문학이다. 다른 영역의 문학이 영상매체에 밀려 신음하고 있는 중에도 수필 인구만은 날로 증가하여 바야흐로 수필 전성시대를 구가하고 있는 이유도 거기에 있을 것이다.

시대적 추세에 힘입어 수많은 수필전문지, 수필동인지가 창간되고, 이에 비례하여 신진 수필가도 날로 늘어나다 보니 이제는 그 많은 작가, 그 많은 작품 중에서 문학성 높은 작품을 가려 읽는 일이 쉽지 않게 되었다. 이런 현상은 작가에게나 독자에게나 결코 바람직한 일이 아니다. 더 나아가서는 수필을 연구하는 후세들에게도 큰 부담이 될 것이다.

이런 문제를 해결하는 데는 출판인도 마땅히 한몫을 감당해야 한다는 평소의 소신에 따라, 본사가 기꺼이 그 역할을 맡기로 했다. 그 첫 번째 사업으로 시대를 대표할 만한 수필가 100인을 선정하고, 작가가 자선한 40편 내외의 작품을 수록한 문고본을 발간하여 이를 널리 보급함으로써 그 소임을 다하고자 한다.

본사는 사명감을 가지고 이 사업을 추진해 나가기로 했다. 작가 선정을 전담할 편집위원회를 구성하고 전권을 위임하여 일체의 사적인 정실이나 청탁을 배제함으로써 전문성과 공정성을 확보해 나갈 것이다.

따라서 이 기획물 속에는 작가의 문학정신뿐만 아니라, 본사의 문학사적 기여 의지와 편집위원 제위의 수필문학에 대한 애정과 문

인으로서의 양심이 함께 담겨 있음을 자부한다. 다만, 작가를 선정하는 기준에는 많은 견해의 차이가 있을 수 있고, 선정 과정에서도 미처 챙기지 못한 부분이 있을 것이라는 사실만은 인정하지 않을 수 없다. 이 점에 대해서는 관계자 여러분의 양해 있으시기 바란다.

이 시리즈의 발간 순서는 작가, 또는 본사의 사정에 의한 것일 뿐 그 밖의 어떤 기준도 적용하지 않았음을 밝힌다.

본 기획물이 시대를 초월한 많은 수필 애호가들의 관심과 애정 속에 우리나라 수필문학 발전에 한 이정표가 되기를 바랄 뿐이다.

본사에서는 이상과 같은 취지로『현대수필가 100인선』전 100권을 완간하여 큰 반향을 불러일으킨 바 있다.

그러나 우리 수필문단의 규모나 수필문학의 수준에 비추어 선정 작가를 100인으로 한정하는 것은 형평성이나 효율성 면에서 크게 부족하다는 의견이 많았고, 본사 또한 이를 통감하던 터라 기꺼이『현대수필가 100인선 Ⅱ』를 발간하기로 했다.

본사의 충정에 찬동하여 출판에 응해주신 저자 여러분에게 감사한다.

2015년 9월

수필과비평 · 좋은수필 발행인 서정환

현대수필가 100인선 간행 편집위원 박재식 최병호
정진권 강호형
오세윤

| **차례** | 현대수필가100인선Ⅱ · 88

1_부 전천후 여인들

2_부 가시나무 자루

3_부 삼무의 사회

4_부 무명씨의 묘비명

5_부 뱀과의 동거

참으로 아름다운 여인
전천후 여인들
가믄장아기가 전하는 말
해녀의 바다
할망바당
서서 오줌 누는 여자

참으로 아름다운 여인

1797년 가을 어느 날, 기생 출신 김만덕金萬德은 정조대왕의 어명을 받고, 얼굴을 들어 감히 임금을 우러러보았다. 그것은 전에도 없었고, 앞으로도 없을 진한 감동을 자아내는 세상에서 가장 아름다운 광경이었다.

여인의 나이는 이미 육십이 가까웠지만, 아름답고 후덕한 모습에서 젊은 날의 절색을 읽을 수 있었다. 그러나 그녀의 아름다움은 오히려 내부에서 풍겨나오는 것 같았다. 어디에도 흠잡을 데가 없는 의연함, 평생을 남을 위해서 살아온 것 같은 초연함이 배어 있었다. 객주客主의 모습은 전혀 찾을 수 없었다.

당시 제주도에는 1792년부터 4년간 해마다 흉년이 들었다. 1795년 말의 조사에 의하면, 제주도 인구 64,582명 중 1만8

천여 명이 굶어 죽거나 병사하였다고 하니, 그때의 참상을 쉽게 짐작할 수 있다.

이 절체절명의 위기 속에 분연히 일어나 평생 모은 전재산을 털어, 제주도민을 아사 직전에서 구해낸 여인이 바로 김만덕이었다. 그녀는 5개월 동안 연인원 수십만 명의 제주도민을 구제한 것이다.

그녀는 10세 때 부모를 잃고, 두 오빠와 함께 고아가 된다. 큰오빠는 머슴이 되고, 작은오빠는 외삼촌 집에 남고, 만덕은 퇴기의 수양딸이 되어 나이가 참에 따라 자동적으로 기생이 된다. 타고난 미모, 자상하고 활달한 성격, 뛰어난 기예 민·관 모두의 주시 대상이 되지만, 모든 유혹을 물리치고, 스스로 머리를 얹고 만다.

그녀의 유일한 꿈은 현모양처가 되는 것이었다. 본래 사족 집안의 고명딸이었으므로, 그녀의 꿈은 당연하다고 할 수 있다. 그러기 위해서는 먼저 배필이 있어야 하고, 기적에서 빠져나와야 했다.

그녀가 스스로 고른 상대는 두 어린 딸을 둔 고선흠이라는 홀아비였다. 그는 통인이라는 미미한 벼슬을 살면서도 성실하고 유식한 사람이었다. 만덕은 먼저 어린 딸들에게 접근하여 그들의 환심을 사면서, 고선흠에게 후취가 될 것을 자청한다.

고선흠은 처음 얼마 동안은 망설인다. 제아무리 착한 여자라도 친엄마처럼 어린 딸들을 사랑할 수는 없기 때문이다. 그러나 만덕의 끈질긴 설득으로 승낙하게 된다. 이제는 기적에서 제적되는 일만 남았다.

기적에서의 제적은 만덕의 끈질긴 하소연과 관가의 온정으로 드디어 해결되었다. 당시 영의정으로서 천한 계급인 그녀에게 전기를 지어 주었던 채제공蔡齋供은 이렇게 기술하고 있다.

만덕은 "비록 머리를 숙여가며 기생 노릇은 했을망정, 자기 스스로 기생으로 자처한 적은 없었고", 나이 스무남은 살이 되자, 그녀는 울면서 자기 정경을 관가에 여러 번 호소하였고 관가에서도 그녀의 정경을 가긍하게 여겨, 기안에서 이름을 뽑아 양가 여자로 돌아가게 하였다는 것이다.

그런데 결혼을 앞두고 고선흠은 돌림병으로 죽고 말았다. 하늘은 그녀에게 작은 시련으로 큰 일을 이루게 하였다. 떠맡지 않아도 될 배필의 딸들을 키우고, 머슴살이하는 오빠들도 독립시켜야 할 책임감에 그녀는 객주가 되었다. 타고난 영특함과 신용으로 제주도에서 거부가 되었고, 그 재산이 정부도 하지 못한 큰일을 하게 한 것이다.

만덕이 어릴 때의 환경으로 미루어 이렇다 할 규문의 범(閨門之範)을 배우지는 못했지만 천고에도 없는 훌륭한 일을 하게 된 바탕은 무엇이었을까? 그것은 아무래도 제주신화 속에 나오는 여신 '자청비'가 그녀의 본이 되지 않았을까? 왜냐하면 상황은 다르지만 만덕은 인생의 고비마다 자청비가 선택한 방향과 묘하게도 닮은 길을 취하고 있기 때문이다.

정승 집의 무남독녀로 때어난 자청비는 15세가 되던 해, 글공부하러 가던 문 도령을 보고, 첫눈에 반하게 된다. 이미 정혼이 되어 있는 문 도령의 짝이 되기 위해 온갖 시련을 겪는다.

드디어 그의 아내가 되지만, 그 과정에서 본의 아니게 희생된 자들을 위해 그에 상응하는 희생을 감수한다.

상전인 자기를 겁탈하려던 머슴을 부득이 죽일 수밖에 없었지만, 그를 환생시키기 위해서는 서천꽃밭의 환생꽃을 구해야 했다. 마침 서천꽃밭에는 밤마다 부엉이가 날아와 꽃들을 훼손하고 있었다. 이 부엉이를 죽이는 자는 꽃감관의 딸과 결혼할 수 있다는 것을 알고, 남장을 한 자청비는 부엉이를 죽이고 사위가 된다.

딸을 통해 환생꽃의 천기天機를 알고, 머슴을 살려낸다. 그러나 꽃감관의 딸은 청상 과부가 될 운명에 놓이게 된다. 자청비는 문 도령을 꽃감관의 딸과 함께 공유할 것을 결심하고, 남편을 그녀에게 보낸다.

자청비는 제주도민들의 신화적 상상력이 빚어낸 여성영웅이며, 가장 아름답고 이상적인 여성상이다. 게다가 강한 책임감과 희생정신이 스며있다. 자기가 죽인 종을 환생시키고, 그토록 사랑하는 남편을 꽃감관의 딸에게 보내 번갈아서 살게 하고, 멸망꽃으로 적을 섬멸하여 나라를 구한다.

김만덕의 활달하고 적극적인 성격은 아무래도 자청비를 닮았다. 여자가 먼저 청혼을 하고, 이를 위해 온갖 장애를 뛰어넘는 것은 전통적인 한국의 여성상에서 보면 분명 예외적인 일이다.

둘은 깊은 책임감을 지니고 있는 것 또한 닮았다. 자기로 인해 야기된 것은 최선을 다해 보상하려고 한다. 못 본 척해도 될 약혼자의 딸을 친자식으로 훌륭히 키운다는 것은 아무나 할 수 있는 일이 아니다.

나라에 큰 공을 세우고서도 부귀나 공명을 바라지 않은 것도 닮았다. 자청비는 오곡의 종자만을 청한다. 김만덕은 대궐 구경과 금강산 구경이 고작이었다. 그러나 얼마나 지혜가 넘치는 요구였을까. 오곡은 제주도민을 먹여 살리는 주식이 되었고, 김만덕의 서울 나들이는 인조 이후 제주인, 특히 여자에게 내려진 출륙 금지령을 해제하는 효과를 가져왔다.

신화처럼 산 아름다운 구원의 여인이 있어, 아무리 강한 대풍이 몰아쳐도 섬사람들은 견디고 다시 일어설 수 있었나 보다.

전천후 여인들

지난여름은 지리한 장마 속에 천둥번개가 내리치는 변덕스런 날씨의 연속이었다. 특별한 일이 없는 경우에는 꼭 일주일에 한 번은 탐석을 해야 다른 날들이 능률이 오르기 때문에 그때가 오면 나는 만사를 제쳐놓고 바닷가로 간다.

그날도 아침에 가랑비가 오긴 했지만 그 정도는 무시하고, 동료 두 분과 함께 시외버스로 제주도 동남쪽 표선면 바닷가로 갔다.

바닷가는 마침 썰물이어서 널리 여가 드러나 있었고, 돌멩이들은 물기를 머금어 검은 빛을 띠고 있었다.

마침내 나는 산수경석 한 점을 발견하고 기쁨에 들떠 있었다. 급경사의 산봉우리 오른쪽에 깊숙이, 그리고 동그랗게 파여 있는 호수, 아랫면이 두꺼운 것 말고는 괜찮은 수석이었다.

그런데 갑자기 장대비가 쏟아지기 시작했다. 세찬 바람과 함께 천둥 번개가 천지를 진동하였다. 벼락이 무서워 인근의 바위 밑으로 피했다.

어느새 왔는지 일단의 해녀들이 거친 파도 속에서 잠수를 하고 있었다. 점점 가까워지는 천둥에도 아랑곳하지 않고 자맥질은 계속되었다.

얼마나 지났을까, 이 전천후 여인들은 한두 명씩 물가로 나오기 시작했다. 파도가 드세어 겨우 바위를 붙잡고 견디는 해녀도 있었다. 순간 나는 해녀들의 노래인 다음과 같은 민요가 생각났다.

몸짱으랑 집을 삼앙(모자반은 집을 삼아)
눗고래랑 어멍을 삼앙(놀고개는 어머닐 삼아)
요바당에 날살아시민(이 바다에 날마다 살았으니)
어느바당 걸릴웨시랴(어느 바다 걸릴리 있으랴)

바닷속에서 흐느적거리는 모자반은 집을 삼고, 연이어 몰려오는 큰 물결을 어머니처럼 안아, 날마다 살아왔으니, 어느 바다이건 거칠게 없다는 뜻이다. 한마디로 바다에서 살고 바다에서 죽는 여장부의 기개를 느낄 수 있다.

해녀들의 이러한 삶의 모습에서, 우리는 그들의 가족과 이웃에 대한 헌신과 자주적 생활의지, 그리고 자강불패의 화신을 발견하기도 한다. 그러나 이러한 정신은 생래적으로 배태된 것인가?

나는 외가가 해변 마을이어서 바다와는 친숙하게 지냈다. 해녀들처럼 자맥질은 못해도 썰물이 질 때에는 곧잘 소나라 전복도 잡을 수가 있다.

생활이 곤궁했던 1970년대 중반, 어느 해 이른 봄, 땅거미가 내릴 무렵, 용두암 바닷가에서 산책을 하던 중에 썰물이 지고, 간만의 차가 어느 때보다 큰 것을 발견하였다.

바다는 잔잔하였고, 물가에는 온통 해초가 뒤덮여 있는 둥그런 바위들이 드러나 있었다. 나는 근처에서 납작한 쇠붙이를 하나 주워, 그쪽으로 내달았다.

옷을 입은 채로 허리를 굽혀 바위 밑을 헤집기 시작했다. 나의 손바닥 가득히 스치는 전복이 있었다.

바위에 단단히 붙어있는 전복 가장자리 사이로 칼날 같은 쇠붙이를 한껏 밀어젖혔다. 미는 것과 젖히는 것을 순식간에 행하지 않으면, 좀처럼 뗄 수가 없다. 그때에 잡은 전복이 적어도 일곱 개는 되었을 것이다. 그것도 손바닥 가득 넘치는 큰 것들을. 다행이 해는 저서 어두워, 집에 갈 때까지 옷이나 신발이 바닷물에 흠뻑 젖어 질척거리는 것을 아무도 못 보았다.

손은 찢겨서 상처투성이가 되었지만, 모든 호주머니에 가득한 전복의 무게가 아픔을 잊게 하여 주었다. 전복죽을 쑤어 꼬마들과 아버님께 드릴 생각으로 발걸음도 가벼웠다.

해녀들의 마음도 당시 내가 겪었던 행복감과 거의 같을 것이다. 그렇지 않다면 〈해녀노래〉에도 있듯이 칠성판을 지고 저승길을 오고 가는 것과 같은 그 힘든 작업을 어떻게 날마다 하겠는가?

자연의 무주물無主物을 '원시취득原始取得'하여 소유권을 얻는 것은 민법에 일개 조문밖에 없지만, 우리는 이 원시취득을 통하여 무한한 행복에 젖는 것이다.

산에서는 딸기, 버섯, 고사리를 채취하고, 바다에서는 물고기, 전복, 소라, 게를 잡는다. 아득한 옛날부터 내려온 이 원시취득을 통해 우리는 자연속의 순진무구한 어린이가 되는 것이다. 그 속에는 필연보다 우연이, 계산보다는 모험이, 이기보다는 이타가 담겨 있다.

비가 오나 눈이 오나, 바람이 부나 한결같이 가족을 생각하고, 모험 속에 사는 해녀들에게서 전천후 여인들의 모습을 발견한다.

내가 고개를 숙인다면, TV토론에서 자기 주장만 펴는 여자들보다는 이 전천후 여인들에게 먼저 절하고 싶다.

가믄장아기가 전하는 말

덧없는 세월을 과거와 현재, 그리고 미래로 가름하듯, 우리 인생도 전생 · 현생 · 내생이 있다고 생각하는 것은 극히 자연스러운 일이다.

제주인들은 불교의 전생前生의 관념을 받아들이면서도 그렇게 심각하게 생각하지는 않았다. 사람이 갑자기 음주, 도박, 절도 등 나쁜 일을 하게 되는 경우에 '저 사람은 무슨 전생을 타고났기에 저러는가.' 하고 동정이나 비난을 섞인 말을 하게 되는데, 이때의 비난에는 그 사람을 미워하는 것이 아니라 그의 행동을 미워하는 휴머니즘이 깔려있다.

직업의 신이며, 운명의 신인 '전상신' 가믄장아기는 애초에 거지에서 벼락부자가 된 '강이영성'과 '홍은소천'의 셋째 딸로 태어난다.

첫째 딸 은장아기가 태어났을 때는 마을 사람들의 동정심이 크게 발동하여 은그릇에 죽을 쑤어다 먹였다. 그래서 은장아기라고 불렀다. 둘째 딸을 낳았을 때도 마을 사람들이 도와주었으나 성의는 줄어서 놋그릇에 밥을 담아다 주었다. 그래서 놋장아기라고 했다. 다시 셋째 딸이 태어났다. 이번에도 동네사람들이 도와주었으나 성의는 더욱 식어서, 까만 남박새기(나무바가지)에 먹을 것을 담아다 주었다. 그래서 가믄장아기라고 불렀다.

가믄장아기를 낳고서 어느덧 거부가 되고 태평스럽게 세월은 흘러, 딸들도 모두 열다섯 살이 넘었다. 거지 부부는 고생하던 옛날 일은 까맣게 잊고 괜히 거드름을 피우며 딸들에게 부모의 은덕을 자랑하고 싶었다.

마을 사람들의 정성스런 도움을 받고 자란 은장아기를 불렀다.

"너는 누구 덕에 먹고 입고 행위발신行爲發身하느냐?"

"하느님 덕이외다. 지하님 덕이외다. 아버님, 어머님 덕이외다."

이 말을 들은 부부는 아주 만족해하며, 둘째 딸을 부른다. 둘째 딸도 같은 말을 한다. 기분이 좋은 부부는 셋째 딸의 말도 듣고 싶다.

"가믄장아기야. 너는 누구 덕에 먹고 입고 행위발신하느냐?"

상대적으로 마을 사람들의 도움을 덜 받고, 그러면서도 집안에 복을 잔뜩 가져온 가믄장아기가 대답한다.

"하느님, 지하님, 아버님, 어머님 덕이기도 하지만 나 배꼽 아래 선그뭇[立線] 적으로 먹고 입고 행동합니다."

전혀 예상하지 못한 괘씸한 말에 부모는 화가 머리 끝까지 치밀었다.

"이런 불효막심한 여식女息, 어서 빨리 나가라!"

벼락같은 호통으로 집 밖으로 쫓아낸다. 그래도 설운(서러운) 어머니는 부모의 정의情誼를 잊지 못해 맏딸에게 "설운 딸아기, 찬밥에 물말이라도 먹고 가라고 일러라." 하고 시킨다.

장차 재산 분배를 염두에 둔 언니들은 어머니의 말을 반대로 전하면서 부모의 마지막 정까지도 끊으려 한다. 가믄장아기는 이 영악한 언니들을 청지네와 버섯으로 환생시키고 만다.

부모는 딸들이 나타나지 않아 답답한 김에 문을 밀치며 내달았다가 문설주에 눈을 부딪쳐 장님이 된다. 그날부터 부부는 앉아서 먹고 쓰기만 하다가 재산이 다 탕진돼 다시 거지가 된다.

가믄장이는 검은 암소에 입던 옷가지와 식량을 싣고 이 산 넘고, 저 산 넘어 정처없이 길을 간다. 해는 서산에 기울고, 달은 뜨지도 않고, 드넓은 초원에 작은 초막만이 보인다.

초막에는 마퉁이 삼형제를 둔 노부부가 살고 있는데 나그네가 머물 방이 충분하지 않아 난처해 한다. 겨우 부엌에서 하룻밤을 지내기로 허락을 받는다.

이윽고 와당탕 요란스러운 소리를 내며 큰마퉁이가 들어

오고, 조금 있다가 다시 둘째 마퉁이가 똑같은 소리를 내며 들어온다. 마지막으로 작은마퉁이도 요란하게 들어왔지만 두 형과는 달리 초막의 변화를 기쁘게 받아들인다.

"우리 집에 난데없이 검은 암소랑 사람이 들어왔네. 어느 하늘에서 도와주는 일이 아닌가?"

가믄장아기는 부엌 구석에 앉아 세 형제들의 행동을 곁눈으로 살핀다. 그들이 파 온 마를 삶아 부모에게 드리는 모습을 보고 작은마퉁이야말로 효자로서 쓸모가 있다고 생각한다.

가믄장아기는 자기가 가져온 찹쌀로 밥을 하여 노부부를 비롯한 마퉁이 형제들에게 제공했지만, 작은마퉁이만 처음부터 맛있게 먹었고, 다른 식구들은 조상대에서도 안 먹은 것을 어찌 먹느냐고 기피한다.

저녁을 먹고 잠자리에 들기 전에 가믄장아기는 노부부에게 천연덕스럽게 당돌한 요청을 한다.

"할머님, 나하고 발 막아 누울 아들이나 하나 보내십서. 시린 발이나 따습게 하게요."

두 노인은 큰마퉁이부터 시켰으나 거절당했다. 둘째도 거절했다. 작은마퉁이만이 기꺼이 들어갔다. 둘이는 꽃을 본 나비처럼 한몸이 되었다.

다음날 아침, 가믄장아기는 낭군이 된 작은마퉁이에게 마를 파던 곳에 가기를 청한다. 큰마퉁이가 파던 곳에는 똥만 가득했고, 둘째가 파던 구덩이에는 지네와 뱀들이 우글거리고, 마지막으로 작은마퉁이가 파던 곳에는 돌멩이라고 던져버린 것들이 모두 금덩이, 은덩이지 않은가. 검은 암소에 실어오니 금방 거부가 되었다.

어느덧 가믄장아기는 눈봉사에다 거지가 되어 헤매는 설운 어머님, 설운 아버님을 모셔다 심청이처럼 효도를 다하고 싶어진다.

백일간의 걸인 잔치를 열어 결국 부모를 만나는데, 부모의 놀라움은 개안開眼으로 이어진다.

이상이 〈삼공본풀이〉의 대략적인 줄거리다.

제주도의 큰굿에 나타나는 주요 신격으로서 삼신産神, 마마신痘神, 조왕, 시왕十王 등은 육지에도 있는 같은 신격들이다. 그러나 삼공신과 같은 전생 인연의 신, 또는 운명의 신은 제주도에만 있다. 그러므로 〈삼공본풀이〉에서 우리는 제주 여성 특유의 운명관을 읽을 수 있다.

가믄장아기는 여자로 태어난 운명을 적극적으로 받아들인다. 그것을 껴안고 꽃피우려고 한다. 배꼽 아래 선그뭇이 있어 당당하고 축복받은 것이며, 그러한 여성으로 태어난 장점을 적극적인 운명으로 받아들이며 살겠다는 것이다.

그녀는 "나는 여자다. 여자로서 행동하고 능력을 발휘하겠다."라고 분명하게 말하고 있다.

운명의 신, 가믄장아기가 우리에게 전하는 말은 운명에 순응하면서 살기보다는 운명을 개척하면서 여성으로서의 삶을 적극적으로 당당하게 살겠다는 것이다. 〈삼공본풀이〉는 운명의 신 스스로 운명을 개척하는 본을 모이고 있다. 세상 사람들의 운명관과는 사뭇 다른 것이다.

은장아기와 놋장아기는 부모에게 알랑거리며 운명에 만족한다. 그래도 재산에 대한 욕심으로 무정하게 가믄장아기를 내쫓는데 열중하다가 언니는 청지네, 둘째는 버섯이 되고 마는 액운을 맞는다.

가믄장아기는 운명을 개척하고 행운을 가져오는 복덩어리다. 큰마퉁이와 둘째 마퉁이는 낯선 사람을 배척하고, 처음 보는 음식을 기피한다. 살아왔던 그대로 살기를 고집한다. 그래서 그들이 파던 구덩이는 고인물이 썩듯 똥으로 가득 차고 지네와 뱀들만이 우글거린다. 운명에 소극적으로 대응하다가 굴러온 복덩이를 놓치고 만 것이다.

작은마퉁이는 부모를 먼저 생각하고, 낯선 사람에게 호의적이다. 열린 마음을 지닌 그는 형들에게는 벌레밥[蟲飯]처럼 보이는 찰밥을 맛있게 먹는다. 형들에게는 노는 계집으로 보이는 가믄장아기의 시린 발을 감싼다.

운명의 여신, 가믄장아기는 작은마퉁이야말로 행운을 누릴 자격이 있다고 판단하고, 그를 낭군으로 삼는다. 그가 파던 구덩이의 돌들이 모두 금덩이가 될 것임을 안다.

운명의 여신, 가믄장아기가 전하는 말은 운명은 기회라고 한다. 그래서 제주 사람들은 삼공신을 맞이하는 전상놀이를 통해 맺힌 전상을 풀리게 한다. 모든 사기邪氣와 나쁜 전상, 나쁜 버릇, 나쁜 팔자들을 다 털어내려는 적극적인 삶의 의지와 소망을 나타내 보인다.

운명의 여신, 가믄장아기가 전하는 말은 자기는 결코 가혹한 운명의 여신은 아니라고 한다. 마음을 열고, 새로운 것에 적극성을 지닌 사람에게는 그를 설운 아버지, 설운 어머니처럼 생각하여 동정과 연민, 배려의 마음으로 행운을 보내겠다고 한다.

해녀의 바다

이여싸나 이여싸나
소섬으랑 지둥삼곡
청산으랑 문을삼곡
이여싸나 이여싸나

이 가사는 제주도 동북쪽 끝에 있는 소섬, 곧 우도를 기둥 삼고, 청산, 곧 성산일출봉은 문을 삼아 물질을 한다는 〈해녀노래〉이다. 우도와 성산일출봉을 둘러싸고 있는 바다를 한 집안의 뜨락처럼 둔갑시킨다.

해녀에게는 바다가 집의 마당이요 뜰이다. 바다는 해녀에게 마당처럼 친숙한 곳이다. 바다는 친밀한 일터이므로 별다른 거리를 느끼지 않는다.

해녀들에게는 일하는 밭이 두 종류가 있다. 하나는 보리를 갈고 유채를 심는 뭍의 밭이요, 또 하나는 험한 바다에 들어가서 미역 · 전복 · 소라 들을 캐는 바다밭이다. 뭍의 밭이 제주도 여성의 보편적인 생활이라면, 바다밭 속에서의 물질은 해녀들의 필수적인 생활로써의 특수성의 지닌다. 제주도의 어촌이 제주도의 농 · 어업을 겸하고 있으므로 이 양면적인 생활은 피할 수 없는 것이다.

1960년대 중반경, 제주에 살았던 시인 고은高銀은 그의 〈제주도〉에서 갓난아이를 데린 어느 해녀와의 우연한 해후를 슬프게 적고 있다.

그는 제주시 화북리 별도 해안의 벼랑 밑에 있는 용천湧泉 근처에서 해녀가 통곡하고 있는 모습을 보고 그 사연을 묻는다. 몇 번을 물어도 울기만 하던 그녀는 드디어 이렇게 대답한다.

"나도 물질 팔자. 갓난 이것도 십여 년 지나면 물질 팔자. 우리 애기 팔자 생각하니 안 울고 어찌 배겨요?"

시인은 아무 소리도 못하고 물러선다. 그는 해녀들의 바다를 떠맡을 수도 없었고, 그 바다의 평생을 시인의 가슴으로도 안아들일 수도 없었던 것이다. 그러나 해녀들은 그들의 운명을 슬퍼하기만 하고 있을 여유가 없었다. 가정의 생계를 유지해야겠다는 사명감은 동해안을 비롯하여 육지 각 연안에 이르지 않은 곳이 없게 하였다. 심지어는 일본 곳곳과

중국 · 러시아까지 뻗쳤다.

중국의 칭타오靑島, 타이렌大連까지 노를 저어 갔고, 러시아의 블라디보스톡에도 그 머나먼 길을 배로 왕래하였다. 그리하여 그들의 행동 반경은 제주도를 거점으로 아시아 4개국에 뻗쳤던 것이다. 그야말로 노를 젓는 배로 동북 아시아의 바다가 해녀들의 집안이요, 마당이었던 것이다.

몸짱으랑 집을삼앙 (모자반은 집을 삼아)
늣고개랑 어멍을삼앙 (큰 물결은 어머니 삼아)
요바당에 날살아시민 (이 바다에 늘 살았으니)
어느바당 걸릴웨시랴 (어느 바다 걸릴리 있으랴)

위 민요에서는 바다에서 살고 바다에서 죽는 여장부의 기개를 한껏 느낄 수 있다. 해녀들이 배를 타고 먼 바다를 오갈 때 배의 노를 역동적으로 저으며 부르는 노래를 '해녀노래'라고 하거니와 이러한 노래는 해녀라는 특수한 집단에서만 불려지는 뱃노래의 일종이다. 가끔은 헤엄쳐 나가면서 부르기도 하지만 보통은 해녀들 여럿이 노를 저으면서 그 동작에 맞추어 부르는 노래이다. 다음의 노래는 힘들고 위급한 상황에서는 어떤 자세로 헤쳐나가는지 잘 보여준다.

배똥 알을 놈을 준덜 (배꼽 아래를 남을 준들)

요 네착사 놈을 주랴 (요 노짝이야 남을 주랴)
젓이라 젓이라 (저어라 저어라)
뒤엣 섬이랑 멀어지곡 (뒤엣 섬일랑 멀어지고)
앞읫 섬이랑 보디여지라 (앞엣 섬일랑 가까워져라)

해녀들이 기를 쓰고 노를 저으며 헤쳐나가는 이 배는 어디쯤 가고 있을까? 섬과 섬 사이를 빠르게 지나고 있는 것을 보면 한려수도 어디쯤인 것 같다. 배꼽 밑은 몰라도 노만큼은 남을 줄 수 없다는 그 말은 비유적 용법이긴 하지만, 절박한 상황에서도 당차고 억센 모습을 뚜렷이 보여주고 있다.

해녀 문제를 연구하던 김영돈 교수는 우도의 한 노파한테서 중국의 타이렌까지 물질 나가기 위해 무려 스무 날 동안이나 노를 저었다는 이야기를 듣고, 사람의 삶이 이렇게 진지한 것인가를 새삼 확인하며 옷깃을 여미었다고 한다.

해녀가 바닷속에서 해산물을 캐는 일, 곧 물질은 그대로 바다에 생명을 건 생업이다. 다음의 두 곡은 해녀들의 작업이 얼마나 모험에 찬 것인지를 웅변하여 주고 있다.

A.
너른바당 앞을재연 (넓은 바다 앞을 재여)
한질두질 들어가난 (한길 두길 들어가니)
저승길이 왓닥갓닥 (저승길이 오락가락)

B.
탕댕기는 칠성판아 (타고 다니는 칠성판아)
잉엉사는 멩정포야 (얹혀 사는 명정포야)
못할일이 요일이여 (못할 일이 이 일이네)
모진광풍 불질말라 (모진 광풍 불질말라)

해녀들은 용왕님께 가호를 빌며 바닷가나 집안에서 제물을 바치고 절을 하지만 수중객귀가 되는 경우가 종종 있다. 물질할 때마다 온갖 정성을 다하지만 목숨마저 거는 이들이 제주의 해녀이다. 시퍼런 바닷속으로 자맥질할 때, 그 깊이를 가늠하면서 한길 두길 들어가서 해산물을 캐다 보면 그만 숨이 막혀 저승길이 오락가락한다.

칠성판은 소렴小殮한 시체 밑에 까는 널판으로 이 칠성판에 오르는 것은 아주 위험한 상태를 말한다. 명정포는 관 위에 얹히는 것으로 칠성판과 함께 항상 죽음이 쫓아다니는 상황을 예기하고 있는 것이다. 게다가 모진 광풍마저 불어대니 그 처절함이 극에 달한 느낌이다. 그렇다면 무엇이 해녀들에게 칠성판에 올라 저승길을 오고 가는 것과 같은 그 힘든 작업을 배겨내게 하는가?

어떵ᄒᆞ영 살아가코 (어떻게 살아갈꼬)
요물질은 ᄒᆞ여근에 (요 해녀질을 하여서)

ᄃᆞ로겡일 사보카 (밭때기를 사 볼까)
어떵ᄒᆞ민 잘살아보코 (어찌하면 잘살아 볼꼬)

우리는 이 노래에서 해녀들의 자립 · 자조의 의지를 읽는다. 잘살아 보려는 상승에의 욕구를 읽는다. 돈을 조금 벌었다고 흥청거릴 수는 없다. 신명을 바쳐 번 돈은 무엇보다도 먼저 가족의 생계를 위해 쓰이지 않으면 안 된다.

그런데 일 자체가 재미가 없다면, 그 일이 지겹고 지루하여 흥분과 스릴이 넘치지 않으면, 그 일은 한낱 젊은 날의 객기로 끝나고 말 것이다. 해녀들은 소녀 시절부터 70세가 넘도록 비가 오나, 눈이 오나, 바람이 불어도 한사코 바다에 매달리게 하는 것은 물질이 모험에 차 있기 때문이다.

기차 마차 ᄌᆞ동차야
날 실렁 가거라 (나를 실어 가거라)
어디라도 나 몸 홀로
정처엇이 ᄯᆞ라가마 (정처없이 따라가마)
술 장실 ᄒᆞ랴마는 (술 장사를 하려니)
젊은 년질 몬ᄒᆞ는걸 (젊은 년질 못하는걸)
ᄊᆞᆯ 장실 ᄒᆞ랴마는 (쌀 장살 하려니)
뒈악질을 몬 ᄒᆞ는걸 (되질을 못하는걸)
포목 장실 ᄒᆞ랴마는 (포목 장살 하려니)
자 잴 충을 모르는 걸 (자 잴 줄을 모르는걸)

청춘이 다가와도
ᄒᆞ질 두질 지픈 물에 (한길 두길 깊은 물에)
메역 ᄄᆞ곡 생복 ᄄᆞ곡 (미역 따고 생복 따고)
속 펜토록 ᄌᆡᆯ 좋구나 (속 편해서 제일 좋구나)

위 노래에서 보는 것처럼 물질은 깊은 물속이라도 한길 두길 들어가서 미역이나 전복을 딸 수 있다. 일이 단순하고 정직하여 마음이 편하다. 어쩌다가 우연히 커다란 전복을 따게 되었을 때에는 기쁨이 두 배가 된다.

아늑한 옛날부터 내려온 이 원시취득을 통해 해녀들은 순진무구한 어린애가 되는 것이다. 그 속에는 필연보다는 우연이, 계산보다는 모험이, 이기보다는 이타가 담겨 있다.

궂은 비 내리고, 눈보라 휘몰아쳐도 한결같이 가족을 생각하며, 모험 속에 헌신하는 해녀들에게서 구원의 여인상이 보인다.

할망바당

마라도는 제주도의 부속도서로서 우리나라의 최남단에 있는 고립된 섬이다. 제주 본도本島에서 11km, 인근 가파도와는 5.6km 떨어져 있는 고도이다. 총면적 0.3km², 해안선의 길이는 1.5km에 불과한 작은 섬이다.

섬은 전체가 현무암 덩어리로 이루어져 있고, 주변 해역 역시 많은 현무암들이 덮여 있어서 해조류나 패류貝類, 기타 해산물의 최적 서식지를 형성하고 있다.

섬의 동쪽 해안은 태평양의 거센 파도에 의해 끊임없이 침식되어, 39m나 되는 높은 벼랑을 이루고 있다. 이러한 벼랑은 서쪽 해안도 동쪽과 유사하며, 북쪽과 남쪽만이 완만한 경사로 이어져 해수면과 맞닿아 있다. 그러나 이곳 역시 암석들이 불규칙하게 깔려 있어 선박에 의한 통행이 그리 쉬운 것은 아니다.

1980년대 후반, 청량한 어느 가을날, 친구들과 함께 마라도를 왕래하는 배를 타고 상륙을 시도했지만 선착장을 바로 몇 미터 앞에 두고, 그냥 돌아왔던 적이 있다. 이와 같이 험난한 지형, 강풍과 빠른 조류 등으로 외부와의 교통이 어려워서 주민들의 생계수단도 전적으로 섬에 있는 자원에만 의존할 수밖에 없는 것이다.

울렁이는 파도만 보이는 이 평평한 섬에 대하여 우리가 관심을 갖게 되는 것은 그 위치가 우리나라의 최남단에 있다는 의미뿐만 아니라 여기에는 험한 자연에 순응하고 도전하면서 지혜를 짜내는 주민들의 삶이 있기 때문이다.

마라도 주민들은 이 섬에서 생활하고 생계를 유지하기 위한 최소한의 기본적인 규범規範을 유지 발전시키고 있다. 향약鄕約을 보면, 여기에는 도타운 배려의 정신에서 우러나온 지혜가 있다. 특히 이른바 '할망바당(할머니의 바다)'이 그 지혜의 정점에 있다.

이 섬은 1883년에 개척되어 100년이 흐르는 동안, 생태계의 변화로 어느덧 해산물 채취를 가장 중요한 생계의 수단으로 삼지 않을 수 없게 되었다. 그러므로 해산물 채취에 대해 질서를 세우는 것이 무엇보다도 필요하게 되었다. 이 질서는 관습에 의하여 유지되어 오다가 1965년에 이 관습을 토대로 '향약'이라는 규약을 만들었다.

마라도의 향약에서 특히 우리의 눈길을 끄는 것은 '할망바당'의 설정이다. 환갑을 넘긴 할머니들만 입어入漁할 수 있는 바다를 정한 규정이다.

마라도 향약 제31조에는 "미역을 채취할 능력이 없는 이는 속칭 '골채어음'으로부터 '장시덕'까지 해안에서 채취할 수 있다."고 정하고 있다. 이 해안은 해산물이 풍부하고 채취하기도 편리한 어장이다. '미역을 채취할 능력이 없는 이' 속에는 노약자뿐만 아니라 생계가 막막한 병약자와 독신인 총각까지 포함된다. 또 70세 이상의 노인에게는 부역賦役도 면제하고 있다. 이것은 교사 등 마라도를 위해 봉사하고 있는 공무원에게는 당연히 입어권入漁權을 주는 규정과 함께 사회복지적인 측면이 상당히 고려되고 있는 것이다.

오늘날 국가가 고심하고 있는 사회복지 문제를 그들은 이미 지난 세기, 1965년 향약 속에 명문名文으로 해결하고 있는 것이다. 단순한 경로관행敬老慣行이나 시혜가 아닌 당당한 권리로서 인정하고 있다.

제주시 구좌읍 행원리에서도 어장의 일부 구역을 '늙은이바당'으로 설정하고 있는데, 이 역시 할망바당과 같은 맥락으로 풀이될 수 있다.

행원리는 이른바 '작은 울산'이라고 일컬어질 만큼 해녀의 물질이 극성스러운 마을이다. 지난날 제주도 해녀들은 해조류가 풍성한 울산지방으로 흔히 물질 나갔으므로 울산 일대一帶

처럼 해산물이 풍부한 행원을 울산에 비유하여 작은 울산이라고 했다. 그런데 행원리의 '늙은이바당'보다 마라도의 '할망바당'이 더욱 돋보이는 것은 마라도가 행원에 비해 가계비家計費의 대부분을 오로지 해산물 채취에 따른 수입에 기대하고 있으면서도 노약자 보호를 더욱 강화하고 있기 때문이다. 해녀들에게는 삶이 어려우면 그럴수록 더욱 더 동료들과 어려움을 나누고 있는 것 같다.

'할망바당'이나 '늙은이바당'에는 노파해녀들이 채취하는 것이 당연한 권리이기 때문에 다른 해녀들, 특히 상군上軍인 해녀들이 여기에 입어하는 경우에는 해녀회의 엄한 지탄을 받는다.

해녀사회는 노쇠한 해녀들을 위한 해역을 따로 정하지 않는 경우에도 그들이 조금은 쉽게 많이 해산물을 채취할 수 있도록 입어시간을 빠르게 해주는 등 여러 가지 배려를 하고 있다.

해녀마을은 그들의 복지를 국가에만 전적으로 의존하지 않는다. 마을에서부터 이웃을 돌보고 살피며, 나눔과 배려로 자발적인 복지공동체를 만들어 간다.

경제성장이 정체되어 있는 경우에도 견딜 수 있는 지속가능한 복지는 국가주의를 넘어 마을공동체의 성숙을 통해서만 가능하다. 그러므로 자치행정은 '할망바당'과 같은 본래 마을이 가지고 있는 복지 자연력, 즉 스스로 돕고 나누는 상호부조의 지역공동체를 강화하도록 지원할 필요가 있다. '할망바당'은

마을이 주체가 되어 이웃이 이웃을 돌보는 가장 아름다운 복지 제도이기 때문이다.

서서 오줌 누는 여자

최근에 주간지 《시사 IN》의 책장을 넘기다가 참으로 야릇한 사진을 보게 되었다. 어두운 배경 속에 집중 조명을 받은 젊은 여자의 하얀 알몸들이 사진과 영상으로 환하게 나타나 있었다. 사진 밑에는 '장지아는 전시회 〈오메르타〉에서 여성에게 오줌 누기를 주문했다. "선 채 오줌 누기는 여성주의 운동이 취하는 공격적인 제스처 중 하나다."라고 쓰여 있었다.

글의 내용은 미술평론가 반이정이 여성미술인 장지아의 전시회 〈오메르타〉라는 작품을 해설한 것이었다. 이런 유형의 미술을 정확히 무엇이라 부르는지는 알 수 없어 평론가가 쓴 내용을 꼼꼼하게 읽어 보았다.

반이정은 이렇게 쓰고 있다. "화면에 등장한 여자 모델들은 선 채로 오줌을 눈다. 어두컴컴한 배경 앞에서 도두라진 나체는 고전미로 빛난다. 사생활보호 차원인지 화면 위로는 모델 얼굴이, 화면 밑으로는 무릎 아래가 잘려, 마치 흑백 토르소 조각을 사진으로 반복한 인상을 준다. 무릇 동일한 알몸을 응시하면서도 여체 관음과 고전미 감상이 경합을 벌이며 공존한다. 〈오메르타〉의 선 채 오줌 누기는 성가신 자세지만 여성주의 운동이 취하는 공격적인 제스처 중 하나다. 〈오메르타〉의 영상물을 보면 나체의 비전문 배우들에게 선 채 오줌 누기를 주문하며 격려하는 장지아의 육성이 들린다."

아쉽게도 장지아의 개인전 〈오메르타〉를 볼 기회가 없어 평론가의 글을 그대로 인용했지만, 여기서 요점은 여자가 선 채 오줌을 누고 있다는 것이다. 이러한 모양으로 오줌을 눈다는 것이 얼마나 성가신 자세인가는 여자만이 알고 있겠지만 기어이 그런 자세를 시도하는 것은 이른바 여성주의 운동이 노리는 공격적인 제스처의 하나라는 것이다.

하기는 언젠가 남자들만 있는 자리에서 어떤 친구가 여자들이란 앉아서 오줌 누는 자들이라고 비하하는 말을 들은 적이 있다. 그런데 이 전시회의 사진 속 여성 모델들의 오줌 줄기는 멀리 나가지 못하고 바로 밑으로 떨어지고 있었다. 바로 그때 문득 나의 뇌리를 스치는 것은 제주 신화 〈세경본풀이〉에 나오는 자청비와 문 도령이 오줌갈기기 내기를 하는 장면이었다.

샌님 같은 문 도령도 남장을 한 자청비의 성性을 알고 싶어 오줌갈기기 내기를 제안한다. 먼저 문 도령의 오줌 줄기는 여섯 척 반이나 멀리 나갔다. 그러나 미리 하문에 대통을 끼운 자청비는 문 도령보다 두 배나 멀리 나간다.

나는 지금까지 신화 속의 이런 이야기는 그냥 웃자고 해 본 것 같아, 가볍게 넘기고 있었다. 그런데 그게 아니었다. 참으로 중요한 뜻이 담겨져 있었다. 여자가 지혜와 슬기를 모으면 오히려 남자를 능가한다는 의미가 스며있다.

오늘날 성性에 관련된 말은 여자들이 함께 있는 자리에서는 꺼내기조차 조심해야 하는 상황이 되어 있지만, 제주 신화에서는 성차별도 없고, 여성주의 운동의 낌새조차도 없다. 억지로 서서 오줌을 누어야 하는 성가신 연출도 필요 없다. 여자는 남자 앞에서 그냥 당당하다.

자청비는 개방적인 성품에 경쟁심도 대단하여 자기에게 다가오는 어려운 시련을 거리낌 없이 헤쳐 나간다. 그녀의 개방성은 여성으로서 문도령에게 먼저 구애를 하는 것에서 단적으로 나타난다. 조선조 시대의 규범에 비추어 본다면 파격이며 예외적인 것이다.

17세기 전반기 제주도 풍속을 엿보게 하는 이건李健의 ≪제주풍토기濟州風土記≫에는 잠녀들이 옷을 벗고, 소중이만 걸쳐 미역을 캐면, 남자들이 그것을 받으면서 함께 일하는 모습을 보고, '남녀상잡男女相雜'이라 하여 놀라고 있다. 남녀가 뒤섞여 일하면서도 그것을 전혀 부끄러워하지 않으니 참으로 놀라운 일이라고 했다. 내외법內外法의 신조에 사로잡혀 있는 선비의 눈에는 남녀가 어울려 일하고 있는 모습이 이상스럽게 보일만도 했을 것이다. 그러나 이 모습이 제주의 전통적인 남녀관계의 중요한 단면이라 할 것이다. 남성 위주의 관계가 아니라 수평적 관계이며, 상호보완적인 관계였다고 할 수 있다. 또 이것이 남녀관계의 본래적인 모습이었다고 할 수 있다.

제주 신화에는 남녀관계를 '남녀구별'로 표현하고 있다. 오륜五倫의 '부부유별'과는 달리 남녀를 차별하지 않고 분별分別하고 있다. 그래서 성인이 되어 결혼도 하지 않고, 자식도 없는 경우에 '남녀구별'을 모른다고 하며, 이를 죄악시했던 것이다.

우리는 자청비가 지닌 강한 책임감에 더욱 끌린다. 게으르면서 밥만 처먹고, 음흉하게 상전인 자기를 겁탈하려던 정수남이를 죽인 것은 불가피한 일이었지만, 또 한편으로는 자책과 책임감에 짓눌린다.

남장을 한 자청비는 환생꽃을 얻기 위해 꽃감관의 사위가 되는데, 여기서 또 희생자가 생긴다. 자청비와 결혼한 꽃감관의 딸이 생과부가 될 터이다. 자청비는 사랑하는 문 도령을 꽃감관의 딸에게로 보낸다. 선보름先十五日은 꽃감관의 딸과, 후보름 동안은 자기와 살게 한 것이다.

문 도령은 이중결혼을 하게 되었고, 자청비는 문 도령에게 첩을 두도록 권유한 것이 된다. 자청비는 온갖 시련 속에 쟁취한 사랑을 빼앗길지도 모를 위험을 감수하면서도 자기로 인한 문제에 책임을 지고 있는 것이다.

동서양을 가리지 않고 인류사회는 근세까지 신분적 계급 외에 남녀 성차별을 계속하여 왔다. 그러나 인류사회 모두가 다 그런 것은 아니다. 예외적인 경우도 있다.

제주 신화는 제주 도민의 정신세계이며, 가치관의 발로이다. 신화 속 자청비의 활달하고 개방적 성격, 조선조의 내외법에 얽매이지 않는 평등의식, 강한 책임감 속에서 우러나오는 적극성은 분명 제주도 여성의 기질에도 뚜렷이 나타나고 있다. 이러한 모습이 본래 제주여인상이라고 할 수 있고, 이것은 조선시대의 양반가의 여인상에 비추어 본다면 예외적인 모습이다. 그러나 이 예외적인 것이 오늘날에 있어서는 본래적인 것으로 요구되고 있는 것이다.

2부

사모

이 깊은 밤에 밤비가 내리고 있습니다. 어머님 계신 곳에도 비가 내리고 있습니다.

깊숙한 밤 이때면 방문을 여시고 그만 자라고 말씀하시던 '어쩐 일입니까?' 그 목소리가 없나이다. 저 문이 꼭 열릴 것 같은데, 그래서 어머님의 얼굴을 뵈올 것 같은데, 문은 닫힌 채 있습니다.

저 방에는 아버님의 외롭고 고달픈 호흡만이 있을 뿐입니다. 그래서 이 침침한 초가삼간은 슬픔에 찬 숨결이 흰 담배연기와 함께 가득 채워져 있습니다.

어머님은 어디 계십니까? 하늘 멀리 구름을 타고 가셨나이까?

어머님은 점점 흙이 되어가고, 그 모습은 저의 뇌리에서 희미해져가도 그것을 어찌지 못하는 아들은 불효의 자식이외다.

돌아가신 후에야 비로소 깊은 사랑이 없음을 알 때, 어머님 묻힌 푸른 산기슭을 향해 남몰래 눈물을 훔치며, 흰 연기를 내뿜어 보아도 이 깊은 밤엔 어머님의 유령이 나타날까 두려워하는 죄인이외다.

허공에 대고 아무리 귀 기울여보아도 점차 희미해져 가는 어머님의 목소리는 어디로 흘러가고 있습니까? 다정한 한마디를 그렇게도 귀찮아했던 아들은 어머님의 아들이 아니었습니다.

지식을 쌓는 밤들이 그렇게 또렷하였고, 어머님의 숨결이 조금씩 가늘어져 가던 밤에는 그렇게도 졸음이 쏟아지고 있었을 때, 그것은 정녕 귀신의 장난이었습니까?

하늘을 우러러 그처럼 애통하시는 아버님의 얼굴에서 비로소 어머님을 잃은 서러움에 북받쳤습니다. 호흡이 멈춘 어머님은 시체였습니다. 정말이지 시체에 불과했습니다. 그리고 아들은 그저 천장만 보고 있었습니다.

자식들이 제각기 방황하고 있었을 때, 어머님은 혼자였습니다. 푸른 하늘이, 푸른 바다가, 가까운 이웃이 모두 어머님에게서 멀어질 때, 어머님은 홀로 죽음을 향해 한 걸음 한 걸음 다가갔습니다.

죽음에 문턱에 들어섰을 때, 자식들은 그제야 모여들었습니다.

식어가는 손을 잡고, 눈을 뜨시라고 몸부림쳤을 때, 어머님의 손은 차디차게 식어 있었습니다. 어머님을 여의었다는 슬픔이 사무쳐 있을 때에는 어머님은 안 계셨습니다.

그런데 어머님은 가셔야 합니까? 왜 벌써 그곳에 가셔야 합니까? 그렇게도 빨리? 그런 법이 어디에 있습니까?

지금 어머님이 남겨 놓으신 것은 무엇입니까? 창문 앞에 놓인 다 녹아가는 새까만 고무신뿐입니다. 이제는 구별할 수조차 없을 정도로 희미해진 도민증에 붙어 있었던 증명사진 한 장뿐입니다. 순간마다 언뜻언뜻 떠오르는 파리한 어머님의 얼굴입니다. 밤과 밤 사이에만 울려오는 어머님의 낮은 목소리입니다. 그리고 호적 속의 어머님 이름 위에는 빨간 줄이 그어져 있습니다. 그것뿐입니다. 그 외에는 아무런 일도 없습니다.

어머님 묻힌 곳을 바라보는 아버님의 눈에 눈물이 어릴 때, 동생들의 입에서 무심코 어머님을 부르는 소리를 들을 때, 〈사모곡〉의 한 구절, 국어사전에서 우연히 '어머니'라는 낱말이 눈에 띌 때, 이웃집 할머니의 환갑잔치가 나를 울게 합니다.

이제 잠이 들면 어머님을 뵈옵겠습니다. 살아 계셨을 때에는 항상 무덤과 함께 나타나시던 어머님, 그것은 쓸쓸히 져가는 황혼녘, 무덤을 안고 왈칵 울음을 터뜨렸을 때, 아! 어머님의 가냘픈 숨결은 남아 있었습니다.

처절한 기쁨 속에 두 손을 모아, 저 숨결만이라도 그날까지 남아 있기를 빌었습니다.

어머님! 낮의 태양 아래서는 이렇게 웃습니다. 얼굴의 근육을 부드럽게 펴고, 억지로 이야기를 이어갑니다. 그러나 이 순간, 깊고 깊은 밤 사이에는 나 혼자의 검은 강물이외다. 이 강물 위에 비가 내리면 그것은 더 깊게 더 검게 퍼져 갑니다.

지금 나는 무엇을 생각해야 합니까? 죽음이란 무엇인가를? 어머님은 극락의 마을로 가고 있다는 것을? 그러나 무엇보다도 난 어머님을 그리워하고 있습니다. 눈물을 삼키며 애가 타도록 그리워하고 있습니다. 그리고 얼마 지나지 않아 새어머니가 옵니다.

※ 필자는 어머니에 관한 이야기를 딱 한 번 쓴 적이 있는데, 그것도 대학생 시절 어머니가 돌아가시고 4개월 후에 쓴 것을 최근에야 찾았다. 당시의 느낌을 살리고 싶어 가감 없이 몇 자만 고쳤다.

가시나무 자루

나는 조그만 망치를 손에 들고 있다. 망치 중에서는 가장 작은 것으로, 쇠뭉치는 달걀 한 개의 무게보다 약간 더 무겁고, 자루는 길이가 25cm 정도이다.

나의 관심은 쇠뭉치보다 자루에 쏠려 있다. 아버지는 구할 수 있는 모든 나무 중에서 가장 단단하고 질긴 가시나무를 자루로 선택했다. 아버지는 이 망치와 함께 40여 년의 세월을 보냈다.

비가 오나 눈이 와도, 바람이 불어도 한결같이 아버지의 손에 잡혀 있었던 망치의 자루는 어느새 홈이 패어, 엄지와 다른 네 손가락이 닿았던 자국을 분명히 구별할 수 있다. 이 자국을 따라 자루를 손에 잡으면 아주 편안하게 잡힌다. 이 망치로 아버지는 한라산 자락의 무덤가에 서 있는 많은 비석들을 새기고 또 새겼던 것이다.

유년 시절의 나의 눈에 비친 아버지는 엄하고 무정했다. 초등학교 2학년 때부터 일요일에는 거의 매주 밭에서 김을 매게 하였다. 자갈투성이의 밭에는 왜 그리도 잡초가 많던지. 이랑을 따라 쪼그려 앉아, 온종일 매어야 하는 밭의 길이는 왜 그리도 멀고 아득했던지.

심지어는 일 년에 두 번밖에 없는 소풍날에도 밭에 데리고 갔다. 소풍날은 공부를 하지 않기 때문에 결석을 해도 상관없다는 것이다. 그래서 소풍 가는 날에도 수업이 있는 날로 속이고 책가방을 들고 가는 경우도 있었다. 그런 때에는 혼자 빠져나와 남쪽 하늘만 보라보며 배고픔을 달래었다. 아름다운 경치가 눈에 들어오지 않았다.

다른 사람들에게는 그렇게 너그럽고 부드러운 아버지가 나한테만은 까다롭고 엄한 것을 이해할 수 없는 경우가 종종 있었다. 어린 나에게는 감당하기 힘든 심부름도 당연한 듯 시키곤 했다.

그런데 내가 중학교에 입학하면서 어머니는 막냇동생을 낳은 후탈로 몸져눕고, 아버지는 위병으로 고생하는 상황이 벌어졌다. 이때처럼 세상이 막막한 적이 없었다. 하늘을 보아도 바다를 보아도 모두가 잿빛이었다.

이때처럼 아버지에게 연민의 정을 느낀 적이 없다. 일제 강

점기, 해방후의 혼란, 4·3사건, 6·25사변을 겪으며, 겨우 목숨을 부지하면서 살아온 것이 기적 같았는데, 이제는 행복하게 살 수 있으리라 기대하였는데, 느닷없이 병마가 찾아온 것이다. 허약한 몸으로 병든 아내와 다섯 명의 어린 자식을 부양해야 할 아버지를 위하는 길은 아버지를 잘 돕는 것밖에 없었다. 나는 어느덧 어려움을 이겨낼 마음의 준비가 되어 있었다.

참으로 다행스러운 것은 아버지가 청년시절 취미삼아 비석을 새기던 것을 이제는 생계 수단으로 삼은 것이다. 이제야 겨우 끼니를 걱정하지 않아도 되었다.

주문이 있는 한, 아버지는 항상 비석에 매달리고 있었다. 톡톡, 쇠망치와 정이 맞부딪치는 소리는 밤과 식사시간을 제외하고 끊임없이 울리고 있었다. 강약 없이 항상 일정하게 쇠망치를 두드리는 소리가 온종일 울리고 있었다.

예부터 제주에서는 기공이 없는 현무암을 비석의 재료로 사용하였다. 다른 돌에 비해 경도가 낮고, 부서지기 쉬워서 글자를 새길 때 세심한 주의가 필요하다. 망치를 두드리는 세기도 한결같아야 하며, 돌의 결도 조심해야 한다. 아버지가 특히 가시나무를 구해 망치의 자루로 한 것은 다른 나무는 잘 부러지고 자루를 다른 것으로 자주 교환하다 보면 자루에서 오는 느낌이 일정하지 못했기 때문이다.

아버지는 삶에 보람을 느끼고 있었다. 가족을 부양할 수 있다는 것은 친가는 물론 처가에 대해서도 떳떳할 수 있었다. 특히 외할아버지에 대해서는 아버지가 돌아가시기 전까지도 한없는 고마움을 지니고 있었다.

1948년 가을, 4·3사건은 이제 아주 심각한 상황으로 치닫고 있었다. 한라산에 더 가까이 있는 마을들이 군경에 의해 불태워지고 마을 사람들은 해변에 있는 마을로 소개되고 있었다.

아버지는 원래 우익 또는 좌익의 선택에 관심이 없었지만, 해변 마을에 있는 외할아버지 댁으로 피신하는 것이 상책이라고 생각했다. 말에 꼴을 얹고, 밭에서 돌아오는 농부처럼 차리고, 외할아버지 댁에 도달했을 때는 늦가을인데도 아버지의 몸은 땀에 흠뻑 젖어 있었다. 헛간에 말을 매려고 하는데, 외할아버지가 그것을 중지시켰다.

"우리 집에서 나하고 살아도 같이 살고, 죽어도 같이 죽을 생각이면, 말을 헛간에 매고, 그렇지 않으면 이 길로 그냥 떠나라!" 외할아버지의 추상같은 말씀이었다. 아버지의 결심을 시험하고 다지는 말씀이었다. 아버지는 말을 헛간에 매었다.

아버지의 다짐은 그 후 아무리 어렵고 힘든 상황에서도 변함이 없었다. 외할아버지는 마침 이장을 하고 있었으므로 아버지를 보호할 수 있었다. 외할아버지는 아버지로 하여금 일생일대의 결단을 하게 하여 생명을 살린 생명의 은인이었던 것이다. 아버지는 임종이 다가오면서 심신이 쇠퇴한 속에서도 외할아버지를 생각하였을 것이다.

아버지와 동년배 분들이 거의 다 군경에 의해 사살되었지만, 아버지가 살아갈 수 있었던 것은 외할아버지의 도움은 물론 당신의 어질고 부드러운 성품의 덕택이었다고 할 수 있다.

4·3사건이 한창이던 때에 어떤 영감이 소의 꼴을 구하기 위해 허락도 받지 않고 성밖으로 나간 일이 있었는데, 순경이 보초를 서던 아버지에게 그 영감을 때리도록 명령하였다. 아버지는 차마 세게 칠 수가 없어 때리는 시늉만 하다가 순경한테 둔부에 피가 맺히도록 맞은 일이 있었다. 동네 분들은 이것을 이야기하면서 아버지의 어진 성격을 기리곤 했다.

지금 내가 잡고 있는 가시나무 자루에 따스한 온기가 돌고 있다. 아버지가 잡았던 자국을 따라 꼭 맞게 잡혀진 이 자루를 보면 아버지의 손과 나의 손이 크기가 같음을 느낄 수 있다.

가시나무 자루 속에 아버지의 인생이, 온갖 시름이, 자식들에 대한 사랑이 모두 담겨 있다. 당신은 세상에서 가장 아름다운 자국을 남기셨다. 강하고 질긴 가시나무에 어린 아기의 손보다 더 부드럽고 따스한 자국을 남기셨다. 이 자국을 통하여 당신의 삶의 본을 자식들에게 보이고 있다.

천생연분

그러니까 지금부터 꼭 30년 전, 1월 어느 날 나는 딱딱한 군무軍務에서 벗어나 모처럼 얻은 휴가를 즐기고 있었다. 그때 외가에서 전갈이 왔다. 중산촌에 훌륭한 신붓감이 있으니 선을 보라는 것이다.

20대에 장가를 가야 한다는 것은 아버님의 한결같은 신조였다. 다른 일에는 좀처럼 간섭을 하지 않아도 나의 결혼 문제가 나오면 집요하게 독촉을 하시곤 했다. 세월은 기다리지 않는다, 곧 30대가 되고 40대가 된다, 늙는 것도 잠깐이다, 인간 구실 못하면 사람이라 할 수 있겠는가? 아버지의 말씀은 틀린 데가 없었다.

선을 봤다. 처음 만나 서로 얼굴을 익히고, 두 번째 만나 어진 마음을 확인하고, 세 번째 만나 일생을 함께할 것을 약속하였다. 10일 간의 짧은 휴가 기간은 그렇게 숨 가쁘게 흘러갔다.

귀대하고 보니 일주일 간의 상륙훈련이 기다리고 있었다. 그런데 어쩐 일인지 훈련은 예정된 기간을 훨씬 넘기면서 우리는 군함 속에서 동해 바다를 맴돌고 있었다.

나중에 알았지만 '김신조 일당'으로 통칭되는 북한의 특수부대가 국내에 잠입했던, 긴박한 상황이 훈련 중에 일어났던 것이다.

10여 일 이상을 바다에서 보내고, 해안에 상륙하였을 때, 흙냄새가 물씬 풍겨왔다. 부대 근처의 하숙방에는 아버님의 편지가 기다리고 있엇다.

편지에는 나의 약혼식에 관한 내용이 간단히 적혀 있었다. 몇 날 몇 시에 약혼식을 하기로 했는데, 혹시 내가 부대 사정으로 참석을 못하더라도 그대로 진행하겠다는 것이었다. 약혼식 날짜는 훈련을 마치고 하숙방에 돌아온 바로 그날이었다.

당시 내가 군복무를 하던 포항에서 제주까지의 귀향길은 기차와 배를 이용해야 하는 머나먼 길이었고, 고향 집에는 전화도 없었다. 그녀는 지금 무슨 생각을 하며 혼자서 약혼식을 맞고 있을까 몹시도 궁금하였다.

며칠 후 나는 특별휴가를 받고 귀향하였다. 이른 봄 둘이서 한적한 시골길을 걸으면서 밭구석에 곱게 피어 있는 복숭아꽃을 보았다. 외롭게 연분홍 빛을 띠고 있는 꽃송이와 그녀의 수줍은 얼굴 모습이 닮게 보였다.

그 해 4월 15일, 결혼식을 올리고 포항에 와서 부대 근처의 마을에서 신접살이를 하였다. 그러나 워낙 훈련이 잦아 아내와 함께 외식조차 한 기억이 없다.

7월 4일, 전혀 예기치 못한 파월 명령이 떨어졌다. 아내에게는 내가 지원하지 않는 이상 파월은 되지 않을 것이라고 강조했었는데, 그 말이 거짓말이 되고 말았다. 행복했던 신혼은 한 여름밤의 꿈처럼 날아가 버렸다.

20일 후, 포항역에서 부산행 군용열차가 떠나는 순간, 아내는 그동안 참았던 눈물을 왈칵 쏟았다. 그래도 몸 성히 돌아오마고 약속하면서 아내의 손을 꼭 잡고 찍은 사진 한 장만은 나의 품에 남아 있었다.

베트남에서 나는 틈만 나면 아내에게 편지를 썼다. 우리가 함께한 추억은 너무도 짧았고, 전쟁의 참상은 함부로 말해서는 안 되고, 아내의 시집살이 이야기는 나를 슬프게 할 것이므로 우리가 쓸 수 있는 이야기란 그저 보고 싶다, 죽어서는 안 된다, 꼭 살아서 가겠다는 약속이었다.

그날은 우리가 결혼한 지 꼭 1년이 되는 날이었다. 1년 전에는 우리가 이렇게 멀리 떨어져 장래를 기약할 수 없는 불확실한 상황이 되리라는 것은 상상도 못하였다. 며칠 전부터 이날은 작전이 없기를 고대하였다. 이날만큼은 아내에게 마음의 편지를 쓰고자 하였다. 그러나 바로 이날부터 장기간의 작전이 개시된 것이다.

아침 8시에 돌격개시선을 넘어 적진으로 들어갔다. 목표 지점 500m를 남겨놓고 적의 저격탄이 날라오기 시작했다. 우리 중대의 첨병은 지뢰를 밟았고, 내 옆에 있던 미 해병은 적의 탄알에 다리를 맞았다.

열대의 정오, 바람도 구름도 없이 뜨겁게 내리쬐는 햇볕 아래 총소리만 요란했다. 목이 타도 수통물이 햇볕에 데워져서 마실 수가 없었다.

아군은 온 종일 저격탄과 지뢰를 피하느라고 경황이 없었다. 적에게 노출된 우리는 진퇴양난이었다. 겨우 방어진지를 구축했을 때는 밤이슬이 내리고 있었다. 별은 빛나고 사방은 고요했다.

고국에서 기다리는 아내가 불쌍하기만 했다. 살아서 돌아간다고 약속한 것이 허사가 되면 어쩌나 싶었다.

다행히 나는 무사히 귀국했고, 아내와 고락을 같이한 지도 30년이 흘렀다. 그동안 6개월 이상 떨어져 있었던 경우가 여러 번 있었지만, 신혼 초기의 시련과는 비교될 수 없었다. 떨어져 있으면 보고 싶고, 가까이 있으면 편안한 것이 우리의 결혼생활이었다.

최근 어느 날 아내는 자기가 나보다 먼저 죽을 수 있었으면 좋겠다는 말을 불쑥 꺼냈다. 자기 혼자서 산다는 것은 생각할 수 없으니 나더러 부디 오래살아 달라는 것이었다. 그 말에 나는 웃기만 했지만, 나도 그녀가 없는 삶은 상상하기도 싫었다. 그래서 문득 깨달은 것이 있었다. 이것이 바로 천생연분이었다고.

가계家系를 기억하며

– 가상유언장

작년에 거금을 주고 치과에서 이 몇 개를 심었을 때, 당신은 나에게 그 이빨들이 다 마모될 때까지 살아야 한다고 웃으면서 말했소. 농담 속에 당신의 간절한 염원이 깃들어 있는 것을 왜 내가 모르겠소?

그런데 이제 그것들을 제대로 써먹지도 못하고 저세상으로 가게 되었소, 허허.

죽음을 앞에 둔 인간들의 심정은 예나 제나 다 같은 것으로, 제주 무당이 '시왕맞이' 의 회심곡에서 부르는 가사를 당신도 들은 적이 있을 것이요.

> 우리 인간 부모 탄생하여, 七十古來稀, 팔십이 定命이라 해도, 잠든 날 잠든 시, 병든 날 병든 시, 근심 수심

다 버려, 단 사오십을 지낼 수 있으리까?

부모 놓아두고 자식 가고, 조상 버려 두고 자손 가고, 아이 갈 데 어른 가고, 어른 갈 데 아이 가니, 저승길은 거슬러 오르는 물, 거슬러 오르는 다리가 되옵니다.

울며 따르는 아이 버려 두고— 가도 돌아오지 못하는 이 길, 산이 막혀 못 오며 물이 막혀 못 옵니까?— 저승길은 아이나 어른이나 거역 못하는 길입니다.

무당이 울먹이며 부르는 이 가사에서 특히 아이들의 죽음은 거슬러 오르는 물과 같이 자연의 이법에 어긋난다는 것을 신에게 환기시키고 있는데, 나는 순리대로 가고 있으니 그 얼마나 다행스러운 일이요.

아름답고, 알뜰하고, 착한 당신을 만나, 삼십여 성상, 그 긴 세월을 꿈같이 보냈소.

당신을 만나기 전, 방황하던 젊었던 무렵, 아버지는 나를 붙잡고 인간의 도리를 지키라고 자주 말씀하셨소. 처음에는 그것이 무슨 뜻인지 모르다가 세월과 함께 깨닫게 되었소.

분에 넘치게 아들 삼형제를 두었으니, 당신의 인고로 나는 인간의 도리를 지키게 되었소. 총각으로 저승에 갔다면 죄인이 되어, 항아리를 머리에 쓰고, 바람 부는 길에 앉히게 되었을 것을.

경기도 여주 상두산에 있는 고려 명신, 희(熙)자 할아버지

묘소에 참배하면, 언제나 그분의 호쾌한 넋이 천 년을 뛰어넘어 내 마음에 와 닿는 것을 느끼곤 하오. 가족 묘지에 가면 조상들의 기대와 사랑이 향기로운 풀 냄새 속에 가득한 것을 항상 느끼게 되오.

천 년 전의 아득한 조상으로부터 아들, 손주의 이어짐 속에 내가 있으니, 내가 가도 완전히 사라지는 것은 아니라오.

이 세상에 태어나서 하고 싶은 일 다 해보았지만, 남는 것은 친지들의 기억 속에 있는 추억뿐이라오. 나에 대한 추억이 즐거울 수 있다면, 얼마나 좋으랴. 그래서 살아 있을 때 쌓지 못한 공덕, 당신이 쌓아 준다면 얼마나 좋으랴.

나는 자연으로 가오. 한라산 산자락 조상들 틈에 묻혀, 자연의 티끌이 되어 청량한 기운으로 산야를 가득 채우고 싶소.

조상의 행적과 역사

최근에 우리 친족회에서는 구전으로 전해 오던 선조들의 일화나 행적을 잊지 않기 위해 '조상의 발자취'라는 서사적敍事的 족보를 만들었다. 물론 기존 형태의 족보도 계속하여 보완하고 있다.

세월이 가고 옛 일에 대한 기억도 아득해지는 요즈음 가끔은 조상들의 행적을 살펴볼 때가 있다. 이 조상의 발자취 속에는 마을을 위해 진력하던 일, 일본에서 큰 기업을 일으키고 친족회에 경제적인 도움을 주던 일. 해방을 전후하여 일제에 항거하던 일, 4·3의 비극 속에서 살아남아 가난을 극복하던 일들이 주마등처럼 펼쳐져 있었다.

그런데 선조들의 행적은 주로 밝은 면만 부각되고 어두운 면은 기술되어 있지 않다. 술을 즐겨 들었다는 말은 있지만,

주정했다는 일은 기술되어 있지 않다. 어쩌면 족보는 숭조崇祖의 관념에 의해 만들어지는 것이므로 어두운 면은 애초부터 무시되었을 것이다. 어두운 면이 드러나야 한다면 그것을 놓고 친족끼리 서로 비난하며 싸움부터 하게 될 것이다

제주도의 '큰굿'을 보면, '석살림'의 재차祭次에 들어가면서 심방은 신을 즐겁게 하면서 기원하기 위해 "귀신은 본을 풀면 신나는 법이옵고 생인生人은 본 풀면 백년 원수지는 법이외다." 라는 구절을 음송한다.

신의 내력을 경전처럼 한자 한자 읊으면, 신은 그만 기분이 좋아져 기원하는 것을 흔쾌히 들어준다. 반면 인간은 그 내력을 닦으면, 나쁜 짓이 드러나게 되어 싸움이 일어나고, 몇 대에 걸쳐 원수지게 된다는 것이다. 실제로 제삿날, 근친끼리 언쟁이 가끔 벌어지는 일이 있는데, 이는 과거사가 나오면 기분 좋은 일보다는 보통 언짢고 섭섭한 일을 들추어내는 일이 많기 때문이다.

조선조의 사관史官들은 생명을 걸고 왕의 행적을 가감없이 기술하려고 노력하였다. 공적만 치켜세우고 과실을 숨겨버리면, 왕의 행적은 절대자의 그것과 같이 되어 신격화의 길로 치닫게 된다. 과거사에 대한 반성은 전혀 못하고 비판은 불경죄가 된다. 역사는 암흑기에 들어 발전하지 못하고 과거를 되풀이하게 된다. 역사는 조상의 행적과는 다른 것이다.

언젠가 어느 시장市長이 박정희 전 대통령을 두고 반신반인

半神半人이라 추어올린 일이 있다. 나는 정말 반신반의하면서 들었지만, 온몸에 소름이 끼쳤다.

인간을 우상화하는 것이 인류에게 얼마나 큰 해악을 끼치는가를 제2차대전 당시 일본 천황의 경우를 생각해 보면 안다. 그를 위해 얼마나 많은 사람들이 죽지 않으면 안 되었는가. 천황을 처단하지 않았던 일본은 또다시 과거사로 회귀하려고 발버둥치고 있지 않는가.

역사를 사실대로, 객관적으로, 냉정하게 기술하지 않으면 왜곡하게 된다. 애매한 것은 새로운 증거가 나타날 때까지 그대로 두지 않고, 억지로 상상력을 발휘하는 경우에는 소설이 되고 만다.

과거를 올바로 인식하는 것이야말로 개인이나 공동체의 존립을 위해 필수적인 것이다.

3부

ᄌᆞ냥정신과 좁쌀근성

옛길과 새길

심청이와 심학규

맷집과 범칙

삼무의 사회

오금엣 부자

세월

젊은 노인

금연타령

ᄌᆞ냥근성과 좁쌀근성

나의 할머니는 그야말로 'ᄌᆞ냥'의 화신처럼 일생을 살았다. 땅에 떨어진 보리쌀 한 톨까지 놓치지 않으셨고, 상한 음식도 그냥 버리는 것을 죄악시했다. 자갈밭에서 손가락이 멍이 들도록 일생을 노동 속에 살았다. 그러면서도 자기의 신세를 한탄하지 않고, 오직 일 속에서 즐거움과 보람을 찾으셨다. 아흔이 지나 백 살이 가까이 되셨을 때, 눈도 멀고 청력도 약해 일을 쉬지 않으면 안 되었을 때, 그때가 그분의 가장 불행한 시기였다.

우리 제주시의 조상들 중에서도 특히 할머니들은 이러한 자세로 생을 억척스럽게 살았다. 그러나 이러한 ᄌᆞ냥하는 자세는 생래적으로 갖고 태어난 것은 아니다. 왜냐하면 그렇지 못한 분들도 조상들 중에서 많이 찾아볼 수 있기 때문이다. 절약하는 자세가 중요시되었다면 그것은 절약하지 않으면 살 수 없기 때문이다. 절해 고도의 척박한 땅에서 ᄌᆞ냥하지 않으면 하루도 살 수 없기 때문이다. 의지할 수 있었던 것은 오직 자기의 노동과 절약뿐이었다고 할 수 있다. 그래서 오늘은 굶어야 할지라도 내일을 위해 식량을 비축하지 않을 수 없었다. 타인에게 의지할 수도 없었고 타인을 도울 수도 없었다. 그래서 제주도에는 거지가 없었던 것이다. 거지를 도울 여력이 없었으므로 거지가 생겨날 여지도 없었던 것이다. 도둑이 없었다는 것을 너무 미화하여 낭만적으로 생각하는 태도는 금물이다.

이 처절한, 어쩔 수 없이 배태된 생존적 생활 자세를 과연 제주도 정신으로까지 고양할 필요가 있는지는 의문이다. ᄌᆞ냥하는 자세는 절해 고도였을 때 생존수단으로서 필요했던 것이지 무한한 변화를 예고하는 현시점에서 우리 제주도민 모두가 지향해야 할 정신이 되기에는 모자란 감이 없지 않다.

ᄌᆞ냥의 생활자세에 너무 집착할 때 그것은 변화에 무딘 '좁쌀근성'으로 전락되기 쉽다. 좁쌀근성이란 우리 모두가 간과해버리기 쉬운 도민성의 일단면이다. 그것은 큰 것을 외면하고 작은 것에만 관심을 갖는 좁은 마음이다. 좁쌀근성은 소집단에 대해서는 한없는 애착을 갖고 있지만, 대아를 위한 대집단의 일에는 무관심한 성향을 갖는다. 구멍가게는 잘 유지할 수 있지만 공동의 자본투자를 통한 대회사는 경영하지 못하는 것이 좁쌀근성이다. 따라서 이러한 근성은 모험을 금물로 삼고,

변화에 민감하지 못하며, 현상 고착에 연연하는 속성을 갖는다.

ᄌᆞ냥정신은 간난을 이겨내는 끈질긴 인내의 원천이라는 점에서 경의를 표한다. 그러나 그것이 상조로 이어지지 못하고 변화에 둔감하며 진취성에서 거리가 멀어질 때, 그것은 극복되지 않으면 안된다. ᄌᆞ냥정신은 극복되어야 하며, 좁쌀근성은 폐기되어야 한다.

극복된 높은 차원으로의 도약 속에서만 ᄌᆞ냥정신은 참뜻이 있다. 그리하여 변화에 적극적으로 적응하는 진취성을 견지할 때, 우리의 앞날은 밝을 것이다. 따라서 깡마른 ᄌᆞ냥정신에 활성적인 기름을 불어넣을 필요가 있다.

옛길과 새 길

뜨락에 심은 나무들이 어느새 자라 얕은 지붕을 내려다보게 되었다. 아깝기는 했지만 지붕 높이에 맞게 나뭇가지를 자르고 보니 작은 뜰을 가득 채워버렸다. 상당량의 쓰레기가 쌓인 것이다.

십여 일 동안 그대로 햇볕에 말려, 집 앞의 빈터에서 이 나무들을 태우면서, 엄청나게 달라진 생활양식의 변화를 실감하지 않을 수 없었다. 1950년대였다면 이 나무들은 훌륭한 땔감으로 사용되었을 것이다. 이 땔감이 바로 쓰레기가 되어야 한다고 생각하니 아쉽고 섭섭하여 옛날 일들이 저절로 떠오르는 것이었다.

내가 땔감을 등에 지고 나르기 시작한 것은 국민학교 2학년 때부터였다. 4·3사건에 의해 집도 불태우고, 먹을 것도 부족하고, 땔감도 없었다. 썩은 나뭇조각을 모아 등에 이고, 한라산 기슭에서 집에까지 오는 길은 형극의 길이었다.

나뭇조각은 작은 나의 등을 사정없이 짓누르고, 짐패(짐을 지는 굵은 새끼)는 여린 어깨를 자르는 듯하였다. 땀은 물줄기가 되어 눈 속에 스며들고 땀을 머금은 고무신은 뱀장어처럼 미끄러웠다. 길 위에는 왜 그렇게 돌멩이가 많고, 갈 길은 왜 그리 멀기만 했을까.

어떤 사람이 인생은 짐을 지고 산을 오르는 것과 같다고 했지만, 그 말대로라면 그런 인생을 견디어 내는 사람은 많지 않을 것이다. 짐을 지고서는 산은커녕 평지도 걷기가 힘들기 때문이다.

불현듯 나는 어린 시절 그 숱한 나날들을 땔감을 지고 무거운 걸음을 힘겹게 걸었던 옛길을 거닐고 싶었다. 제주시 연동에서 용담 1동, 속칭 '부러리'를 잇는 길은 땀을 많이 뿌린 잊을 수 없는 길이다. 이제 향수에 젖어 그 길을 걷고 있다.

연동 신시가지에는 옛날의 잔재도 없다. 그래도 '해태동산' 서남쪽 옴팡진 곳에 약 50m의 옛길이 남아 있다. 길 양 옆에는 억새풀과 띠만이 무성하여 옛날의 대로大路가 아니다. 해태동산에는 연동 사람들이 등짐을 얹고 잠시 쉬던 네모진 자연석이 있었는데, 지금은 간 곳이 없다. 그때 보았던 제주시 중심가는 초가집으로 가득 차 있었고, 부두에 있는 주정공장 굴뚝만 유난히 크게 보였다.

이제 나는 오랫동안 보지 못했던 '명신부락'으로 향했다. 여기는 옛길이 그대로 남아 있을 것 같았다. 건널목이 없어 차도를 가로질러 나갔다. 옛길이 있다. 길은 말끔하게 포장되어 옛날 그대로의 모습은 아니었지만 그때를 회상하기에 부족함이 없다. 노변에는 수선화가 피어 있고, 12월인데도 코스모스 몇 송이가 눈에 띈다. 마을 중간에는 길게 화단이 조성되어 있다. 섭섭하게도 옛날의 머귀나무나 그 밑에 항상 등짐을 얹었던 작은 바위는 보이지 않는다.

땔감 중에는 보릿뭇 짐을 나르는 것이 가장 어려웠다. 보릿대는 미끄럽고, 연동에서 여기까지 오는 동안 어깨가 아파 등짐을 자주 추켜올리다 보면, 보릿뭇이 빠져 나와 다시 짐을 꾸리지 않으면 안되었다. 짐 꾸리는 것이 서툴러서 지나가는 어른들께 도움을 청한 것이 몇 번이었던가.

그런데 지난 일을 회상하는 것은 즐겁고, 또 삶의 의욕을 복돋우게 한다. 그것이 비행非行과 관계가 없는 한, 고난의 시절을 추억하는 것은 더욱 값있는 일이다. 고난을 극복할 수 있었기 때문이다. 노래를 불러 보아도, 술을 마셔 보아도 이처럼 옛길을 걷는 것과 같이 즐거울 수가 있을까. 꿈속을 가듯 걷고만 싶다.

최근에 가장 큰 변화를 겪는 곳이 한천교 북쪽의 냇가이다. 어린 시절에 놀았던 추억도, 멱감던 웅덩이들도 복개공사로 인하여 컴컴한 지하로 매몰되고 말았다. 덕택에 주차장 문제도

교통난도 해소되었지만, 옛날의 자연은 간 곳이 없이 황량감만 더해 줄 뿐이다.

용담1동 '부러리'마을, 아직도 옛 자취가 완연한 곳이다. 띄엄띄엄 양옥집들이 들어서기는 했으나, 꼬불꼬불한 골목과 울타리들은 옛날 정취를 그대로 간직하고 있다. 그러나 가까웠던 벗들은 죽거나 먼 곳으로 이주하고 없다. 아련히 떠오르는 그리움을 호소하고 싶지만 들어줄 사람이 없다.

옛길에는 아름다운 추억과 선량한 풍속이 서려 있지만, 새길에는 차량의 질주와 메마른 질서만이 가득 차 있다. 그러나 어쩌랴, 변화의 물결은 막을 수가 없는 것을. 이 물결을 슬픈 눈으로 바라만 보기보다는 적극적으로 타고 넘는 것이 바람직한 삶일 것이다. 옛날의 정서를 이지적으로 승화한다면, 미래에의 발돋움도 한층 쉬워질 것 아닌가.

심청이와 심학규

옛날이야기에 나오는 심청이의 아버지, 심학규는 아무래도 무책임한 사람이다. 도대체 눈먼 봉사가 가만히 있지 않고, 위험한 외다리가 있는 개울은 왜 건넜으며, 능력도 없으면서 왜 스님에게 공양미 삼백 석을 시주하기로 약속했던가.

시냇물에 빠져, 죽음 직전의 상황에서 행해진 계약은 불공정한 법률행위로, 심학규는 당연히 계약의 무효를 주장할 수 있었다. 그런데도 한숨만 쉬다가 경국 심청이로 하여금 자기의 몸을 희생하게 했다.

심청이가 상인들과 한 계약은 인신매매 행위로 선량한 풍속에 어긋나서 당연히 무효이다. 또 친권자인 심학규는 미성년인 심청이가 자기의 허락을 받지 않고 한 계약은 취소할 수 있음에도 불구하고, 울기만 하면서 주저앉고 말았다.

〈효녀 심청이〉의 줄거리를 법적으로 보면, 참으로 무미건조하고 재미가 없다. 그러나 선량하면서도 무책임한 심학규에 대비하여 착하고 자기희생의 화신인 심청이가 있었으므로, 우리의 고달픈 삶은 그래도 기적을 바라고 산다.

이 사회는 심학규와 같은 무책임한 사람으로 차 있다. 환란으로 우리 사회가 불안과 불신으로 가득 차 있었을 때, 솔직히 자기의 책임을 인정하는 사람이 누가 있었던가? 정치가도, 관료도, 사업가도 모두가 변명하기에 바빴다.

책임감이 없는 사람들로 가득찬 사회에 대하여는 하늘도 어찌할 수가 없다. 그러나 하늘은 좌절할 수가 없으므로 소수의 의인義人이 있으면 이들에게 희망을 건다. 의인에게 기적을 내려보낸다.

죽어가는 사람을 살려 건강한 삶을 영위하게 하는 것만큼 더 큰 기적이 있을 것인가. 바로 이러한 기적을 책임감으로 가득 찬 의사들이 이루어 낸다. 그리하여 하늘은 이들로 하여금 커다란 공덕을 쌓게 하는 것이다.

사람들 중에는 이 사회에 대해서는 물론 자기 자신에 대해서도 무책임한 사람이 많다. 위가 나쁘니 술을 끊으라고 권유를 받고도 몰래 술을 마시는 사람이 있다. 담배는 안 된다고 해도 피우다 죽겠다는 사람이 있다. 금지하면 더욱 더 그것에 끌리는 사람들이 있다. 이러한 무책임한 사람들을 보호해야 하는 것이 의사義士의 마음을 지닌 의사醫師들의 숙명인지도 모른다.

나는 우리나라의 위인들 중에 특히 귀감으로 삼고 싶은 세 분이 있다. 성웅 이순신, 정승 황희, 명의 허준이다. 이 세 분 중에서도 특히 곁에서 가까이 살았으면 하는 분은 허준이다. 이순신 장군은 너무 엄격하여 집앞을 지날 때 옷깃을 여며야 할 것이고, 황희 정승은 너무도 가난하여 끼니를 거르지 않을까 걱정해야 하겠지만 허준 의원은 내가 아파서 밤중에 문을 두드려도 거절하지 않을 것이라 믿기 때문이다.

맷집과 범칙

근래에 와서 나는 거의 매일 목욕탕에 간다. 다 벗고 있으므로 사람들의 직업 같은 것은 알 수 없지만, 육체적 특징은 무의식중에도 눈에 들어온다. 문신, 수술 자국과 같은 것을 보면 기분이 언짢다. 더구나 남자들의 엉덩이에 상처 자국이 있거나 어쩐지 자연스럽지 못한 데가 있으면 얼른 외면하고 만다. 그러면 나의 엉덩이는 어떤가?

나의 엉덩이가 어떻게 생겼는지 실은 나도 잘 모른다. 탈의실에 큰 거울들이 마주 보게 설치되어 있어, 그것으로 내 엉덩이를 희미하게 볼 수 있을 뿐이다.

엉덩이를 주제로 하여 논한다면, 그것은 주로 여자들의 그것이 되어야 하고, 그것도 미학적 접근이라야 하겠지만, 남자들의 경우에는 전혀 논의할 가치조차 없는 것이다. 그래도 남자들의 엉덩이를 언급하지 않을 수 없는 것은 내 나이 또래의 남자들의 엉덩이에는 말 못할 사연이 있기 때문이다. 나의 엉덩이에 맺힌 사연은 1966년으로 거슬러 올라간다. 사병보다는 장교로 군 복무를 하는 것이 낫다는 이유로 해병대 간부후보생으로 지원했다.

필기고사는 거뜬히 합격했지만, 신체검사가 문제였다. 그 해 여름 서울에서 독감으로 혼자 고생하다 보니 몸무게가 52kg밖에 안 된 것이다. 55kg 이상이 합격선이어서, 군의관에게 3kg의 물을 먹게 해달라고 사정하여, 겨우 합격했다. 이때부터 나의 엉덩이의 시련은 시작된다.

해병학교 입교식 기념으로 구대장에게 야구 방망이로 맞은 5대를 시작으로 임관 기념 5대, 수료기념 5대는 우리 동기생 모두에게 예외 없이 영광스럽게 엉덩이에 가해진 매였다.

내가 맞은 매가 이것뿐이었다면, 화젯거리가 되지도 않을 것이고, 처벌을 받은 것이 무슨 영광이라고 까발리겠는가.

동기생들과 함께 느리고 굼뜬 내가 자주 맞게 되는 경우는 특별훈련이라는 이름하에 선착순에 따라 꼴찌에서 5명을 골라 체벌하는 때였다.

선착순도 별별 이상야릇한 것이 많았다. 한번은 제3구대장으로부터 "위에는 팬티, 밑에는 러닝셔츠를 입고, 단독무장 선착순" 하라는 명령이 떨어졌다. 러닝셔츠는 터진 데가 네 곳이 있어 겨우 몸에 꿰었지만, 문제는 팬티였다.

팬티는 구멍이 세 곳뿐이어서 상체에 걸칠 수가 없다. 나는 허리 부분과 가랑이 한쪽 부분의 터진 곳을 한 데 꿰어 어깨에 걸쳤다. 그러나 그것은 곧 미끄러져 땅으로 떨어질 판이었다.

구대장이 다가왔을 때, 팬티가 어깨에서 흘러내리지 않게 한쪽 끝을 입에 물고 있어야 했다. 구대장이 모른 척하고 지나가서 다행이었다.

이렇게 힘들고 고된 훈련을 무사히 끝마치는 길은 제 규정을 잘 이행하고 구대장의 말씀을 하늘처럼 받드는 모습을 보이는 것밖에는 없었다.

나는 당시 후보생 모두가 일기처럼 쓰는 '수양록'을 통해 구대장의 훈화가 얼마나 나를 해병장교답게 만드는지를 호소하려고 하였다.

군대 속에서는 나의 개성은 바로 '군대'라는 개성으로 전환되는 것이다. 그런데 이 군대라는 개성이 너무도 벅차게 다가온다. 강렬하고, 엄격하고, 사내답고, 단순하고, 솔직하고, 용감하라는 구대장님의 말씀이 나에게 속속들이 파도쳐 오는 것이다. 밤 12시, 바다를 등지고 서서 구대장이 하시는 한마디는 인상 깊다. 누가 그렇게 자신 있게 그런 말을 할 수 있을까? "해병은 강하고 질기고 멋지다."라고. 또 누가 이 시간에 구령을 가르칠 열성을 갖고 있을까? 구대장들의 한마디 한마디가 이제 골수에 사무쳐 온다.

처음 수양록을 쓸 때는 그래도 제법 새로운 모습이 보이더니 나중에는 천편일률적으로 구대장의 훈계를 부연 설명하고, 나의 결심을 다짐하는 것으로 일관되고 있다. 요사이 초등학교 어린이 일기장도 이것보다는 나을 것이다.

구대장이나 군대에 대한 비판적인 내용은 하나도 없다. 하기는 비판적인 내용을 썼다면 상당한 체벌을 각오해야 했을 것이다.

나는 어느덧 구대장의 명령에 죽고 사는 군인이 되어 있었다. 그렇다고 체벌이 뜸해진 것은 아니다. 구대장들의 감시의 눈은 그 어떤 작은 것도 놓치지 않았다.

군화가 반짝거리지 않는다고 때리고, 턱수염이 길었다고 때리고, 감기를 낫게 해준다고 때렸다. 엉덩이가 편할 날이 많지 않았다.

가차없는 체벌에 주눅이 들어 고의적인 범칙(犯則)은 생각조차 못했다. 가장 범(犯)하고 싶은 것이 행상을 통해 빵이나 찰떡을 몰래 사먹는 것인데, 이것도 소대장에게 들키는 날에는 매 30대는 각오해야 했다.

엉덩이에 30대를 맞으면 피멍이 들어 며칠 동안 제대로 걷지도 못한다. 그래도 먹고 싶은 욕구가 너무 강해 저질러 놓고 본다.

한 동기생은 떡을 잘못 먹어 급체로 죽었고, 또 한 동기생은 죽다가 살아났다. 찰떡을 몰래 사서 한 개를 냉큼 입으로 가져

가는 순간, 가까이에서 구대장이 나타난 것이다.

입을 오물거리면 탄로가 날 것이므로 그냥 삼켰다. 찰떡이 목구멍을 막아 질식하여 쓰러졌다. 구급차에 실려 병원으로 달리는 동안 목구멍을 막았던 떡이 쏙 빠져 나왔다. 비포장도로여서 차체가 몹시 흔들린 것이 그를 살린 것이다. 그래도 동기생들은 주림과 추위, 그리고 엄정한 군기를 잘도 견디었다. 나도 그들에게 얹혀 가까스로 고된 훈련을 메꾸어 나갔다.

임관을 하고 기초반 수료가 가까울 무렵, 그동안 들었던 주눅이 서서히 풀리기 시작했다. 매가 무서워서 한 번도 범칙을 하지 못하면, 이것 또한 졸장부가 아니겠는가.

나는 엉덩이를 어루만져 보았다. 매 30대를 견딜 만한 맷집은 나에게 있는가? 엉덩이에게는 참으로 안됐지만 결행하기로 했다.

순검巡檢준비 시간에 병사兵舍를 슬쩍 빠져 나왔다. 사방은 깜깜하고, 인적도 없었다. 곧장 매점으로 달렸다.

찰떡 10개를 사서 가슴에 품고 화장실로 뛰었다. 화장실은 수세식이 아니어서 구린내가 진동하는 곳이었다. 소대장이 여기까지 쫓아올 리는 없다. 나는 천천히 한 개를 입에 넣었다. 그런데 누가 화장실로 뛰어 들어왔다. 그리고 바로 내가 웅크리고 있는 화장실의 문을 두드린다.

"야, 서 소위! 내가 봤다. 한 개만 다오." 다행이도 그는 동기생이었다.

나는 마지못해 떡 한 개를 문 밖으로 내밀었다. 그리고 순식간에 떡 9개가 나의 목구멍 속으로 막히지 않고 넘어갔다. 동기생한테 준 떡 한 개에 대한 아쉬움을 달래면서 천연덕스럽게 내무실로 들어섰다. 그렇다. 나도 매가 무서워서 범칙을 못할 놈은 아닌 것이다.

규칙 위반을 통해 주눅을 풀고 생각의 자유를 찾기 시작했다. 자유는 말로만 찾을 수 있는 것이 아니었다.

지금 마주 서 있는 거울을 통해 겨우 볼 수 있는 나의 엉덩이는 아무런 상처도 없이 멀쩡하다. 해병학교 시절 많은 기합에도 잘 견딘 엉덩이가 대견스럽게 느껴졌다.

삼무三無의 사회

제주도 자연의 아름다움도 비교적 최근에 와서야 새삼 그 진가를 발휘하는 것이지, 과거에는 절해의 고도요, 귀양지로밖에는 생각되지 않았다. 믿을 것은 스스로의 노동력과 이웃을 사촌으로 삼아 협동하면서 생계를 유지할 수밖에 없었다. 어디에도 의지하여 풍성한 삶을 기약할 곳은 없었던 것이다.

그런데 제주의 자연이 올바르게 보이기 시작했다. 자연이 잠재력을 발휘하면서 돈과 연결되어 탐욕의 대상이 된 것이다. 탐욕이 노골화되면서 제주도의 자연이 황폐화되고, 마을공동체가 해체 위기에 싸이고 있다. 삶의 질은 무시되고, 양이 중요시 되고 있다. 그리하여 이웃 사이의 도타운 정은 사라지고, 살벌한 경쟁의 장에서 우리는 한없이 외로워지고 있다.

어쩌면 우리 사회는 경쟁사회의 차원을 훨씬 벗어나고 있는

지 모른다. 죽기 아니면 살기 식의 '준準전투사회'가 되고 있다고 할 수 있다. 경쟁사회인 산업사회에는 갈등이 없을 수 없지만, 우리 사회는 그것을 넘는 전투사회가 되고 있으므로 갈등의 정도도 더 크고 거세지고 있다.

그렇게도 어려웠던 예전에도 제주도의 선인들은 협동과 연대로 가난을 슬기롭게 극복하고, 이른바 '三無'의 법현상을 대내외적으로 과시하였다. 스스로 자립하려고 노력했으므로 거지가 될 수 없었고, 강한 공동체의 의식 속에서 조그만 것이라도 서로 나누어 먹었으므로 도적질하는 것을 모르고 지냈다. 이웃과 차단되는 대문은 소용이 없었다.

제주사회가 변하면서 삼무현상도 변하게 마련이지만, 아직도 우리가 이것에 짙은 향수를 느끼는 것은 그만큼 이 현상 속에 제주인의 바람직한 삶의 바탕이 내재하고 있었기 때문이리라. 그렇다면 제주인은 어떠한 인간상을 예정하고 삼무를 미풍양속으로 진작시켰을까? 그것을 제주 무속의 '시왕맞이'에서 찾게 된다.

시왕맞이는 사자공양제死者供養祭로서 일반제一般祭인 무의巫儀이다. 이것에 의하면 사람은 저승에서 10개의 지옥을 통과해야 한다. 각 지옥에서는 그 세계를 관장하는 대왕의 주관하에 사람이 전생에서 지은 죄목에 따라 재판을 한다. 그 죄목 중 중요한 것들을 들어보자.

"너는 인간(세상)에서 부모 탄생하여 깊은 물에 다리 놓아

월천공덕越川功德하였느냐?"

"너는 인간에서 배고픈 사람 밥을 주어 급식공덕給食功德하였느냐?"

"너는 인간에서 부모 효심父母 孝心하였느냐? 일가친족 화목和睦ᄒᆞ고 동내존장洞內尊長하였는냐?"

"너는 인간에서 함정에 빠진 사람 건져주고 질(路) 막은 사람 질을 터주었느냐?"

"너는 인간에서 역적도모逆賊圖謀하였구나! 살인 강도 고문 도적놈, 못 ᄒᆞᆯ 일 하였구나!"

"너는 인간에서 대한질大路 ᄀᆞ邊에 앉아둠서 좋은 금전 받으멍 나쁜 음식 주었구나! 뒈升 골호게 주었구나! 말斗 골호게 주었구나! 놈[남]의 눈 속였구나!"

"너는 인간에서 이내[자기] 남편 놔두고 놈의 남편 우러러 보았구나! 이내 가속[아내] 놔두고 놈의 가속 우러러 보았구나!"

"너는 인간에서 남녀구별男女區別 몰라지고 ᄌᆞ식 하나 못 보았구나!"

무속의 신앙 체계에 의하면, 사람이 죄를 지을 때는 이승은 물론 저승에서도 재판을 받는다. 그런데 저승법은 맑고 또 맑아 이승처럼 적당주의가 통하지 않는다. 죄를 지은 사람은 10개의 지옥을 무사히 통과하지 못하고, 온갖 처벌을 받으면서 살아 있는 가족에게까지 한없는 슬픔과 고통을 주게 된다.

위에서 본 죄목을 보면, 불교의 포교 가사인 〈회심곡〉의 내용과 닮은 점이 많지만, 그 요체는 인보隣保, 효도, 협동, 공평을 통하여 스스로 자립해야 하는 선한 인간상을 예정하고 있다고 할 수 있다. 인간으로 태어난 이상은 자기의 노력에 의하여 이러한 인간상이 되어야 하는 의무를 자기 자신이 져야 하는 것이다.

제주인들의 사회 교육장은 일상적 삶 속의 교실이 아닌 신의 하강한 신성한 공간에서 이루어져 왔다. 그리하여 위에 든 바와 같은 규범을 내면화하여 '법 없이도 사는 사람'이 키워지는 것이다. 삶이 어렵고 고달프면 그럴수록 함께 살고 나누며, 공유共有하는 그러한 규범을 마련하여 지켰던 것이다. 이 탐욕의 사회에서 얼마나 절절하게 우리의 가슴에 파고드는 규범들인가. 그러므로 주고받는 사회, 삼무의 사회는 지나간 과거의 사회가 아니라 아직도 우리의 뜨거운 가슴 속에 생생히 살아 있어야 하는 사회인 것이다.

오금엣 부자

그녀는 할 일이 별로 없다. 밥은 전기밥솥이 해주고, 빨래는 세탁기가 대행해 준다. 먼 길도 자가용으로 쉽게 갈 수가 있다. 고민이 있다면 체중이 늘어나는 것이 걱정이다. 화장만은 항상 열심히 한다. 그것은 아름다움을 창조적으로 가꾸는 것이어서 싫지가 않다.

화장도 했는데, 그 다음엔 무엇을 할까. 벗들을 모아서 점심내기 화투나 칠까. 아니, 그것은 너무 심심하다. 차라리 돈내기가 좋겠다. 열정적으로 온종일 열중할 수가 있겠다.

그녀의 남편은 하루의 일과를 힘겹게 끝냈다. 몸이 나른한데, 친구를 불러 어데 가서 실컷 술이나 마시고 싶다. 마침 아내가 모르는 돈도 생겼으니 아가씨가 있는 술집에 가서 스트레스나 풀자. 지난번에 갔던 술집의 그 아가씨는 상냥하고 노래도 잘 불렀다.

위에 든 예는 우리 사회에 만연되어 있는 보편적인 현상은 아니지만, 자신도 모르게 쉽게 빠질 수 있는 생활의 한 단면이다.

우리는 여가를 너무 단순하게 생각하고 스트레스를 푸는 데에만 열중하고 있다. 더구나 우리를 둘러싸고 있는 환경은 날이 갈수록 소모적인 관광공해로 휩싸이고 있다.

집을 나가면 곧 접할 수 있는 술집이나 사행성의 오락시설들이 판을 치고 있다. 조용히 산책할 수 있는 길은 자동차로 채워져 있다. 예전에는 만날 수 있었던 정다운 사람들은 보이지 않는다.

음주나 도박은 소양이 필요 없다. 쉽게 빠져들어 헤어나기 힘들다. 도가 지나치면 패가망신하기에 알맞다. 주위가 이러한 시설로 차 있으므로 쉽게 물들게 된다.

우리의 옛 어른들은 여가를 경계하였다. 여가를 선용하지 못하면 일탈이 생기기 쉬우므로 가급적이면 끊임없는 노동과 근면 속에서 자신을 향상시키려고 노력하였다.

한국 여인은 소처럼 일했다. 그 이유를 가난과 남성 위주의 사회구조에 돌리기도 하지만, 그보다 여성 스스로의 내향적 존립을 위한 자발적 요인이 더 크다고 할 수 있다. 시켜서가 아니라 사서 일을 하였다.

한국 여성에게 있어 할 일이 없다는 사실은 곧 불행과 직결 된다고 보았다. 쌀방아를 찧고 마질하며 담을 때에 시어머니들은 대두 한 말당 한 줌씩의 뉘를 일부러 집어넣는 습속이 있었다. 이 습속을 얼른 생각하면 대체로 며느리를 미워하게 마련인 시어머니가 며느리를 골탕먹이려고 한 것으로 볼 수도 있겠지만, 실은 며느리에게 뉘를 고르게 하는 일을 줌으로써 할 일이 없다는 여가의 불행을 막겠다는 지혜로 볼 수 있다.

여가 남용의 불행을 막고, 비여가非餘暇로 행복을 찾는 모습은 이미 제주 신화에서 나타나고 있다.

〈세경본풀이〉에 나오는 자청비가 농신農神인 세경이 되기 전의 일이었다. 자청비는 자기를 겁탈하려는 종놈인 정수남이를 죽이고, 그 사실을 부모에 고지하고, 스스로 부모의 종이 될 것을 자청한다.

부모는 딸을 시험하기 위하여 벨진밭(별이 떨어진 넓은 밭)에 좁씨 닷 말 닷 되 칠세 오리를 뿌려놓고, 그것을 모두 주워 오도록 명한다.

> 눈물로 다리를 놓으며 방울방을 줍는 것이
> 닷 말 닷 되 칠세 오리 줍다 보니
> 좁씨 한 방울이 간 곳 없어,
> 이 구석 저 구석 찾아도 못 찾아
> *밭도 밖에 나오다 보니
> 개미놈이 좁씨 한 방울 물어서……

별이 떨어진 넓고 넓은 밭에서 손톱으로 겨우 집을 수 있는 좁씨 닷말 닷되를 줍는 일은 엄청난 시간과 정신 집중을 필요로 하는 일이다. 자청비의 부모가 일부러 번거롭게 비생산적인 일을 만들어 자청비로 하여금 전념하게 한 것은 얄팍한 인지人智로는 따질 수 없는 깊은 뜻이 있다.

자청비는 농업의 여신이면서 또 근로의 여신이었다. 제주의 여인들은 당연히 이 자청비를 일상적인 전범典範으로 하지 않을 수 없었다. 여가를 경계하고, 그것을 선용하려고 노력하였다.

제주도 민요 중 노동요가 태반을 차지하고 있는 것은 그만큼의 선인先人들이 노동을 생활화하고 근로의 정신을 키워 왔다는 것을 보여준다. 여가는 자기 향상을 위한 시간으로 활용되어야 하는 것이다.

소모적이고 파괴적인 여가를 보내고 싶을 때는 다음의 제주 민요를 상기해 보는 것이 좋을 것이다.

> 큰 부자는 하늘엣 부자
> 작은 부자는 오금엣 부자
> 오금엣 턱 오금엣 턱

* 밭도: 밭의 출입구, 제주 방언

세월

성품은 어떤지 모르지만 차림새만으로 묘하게 생각되는 여자였다. 항상 검은 옷, 검은 안경, 검게 바른 입술. 검은 옷에 더욱 돋보이는 하얀 살결을 빼면 온통 검게 보이는 여자였다. 그런 차림은 비가 오나 눈이 와도 똑같았다. 사계절과 상관없이 똑같았다. 여승도 아니고 수녀도 아니었다. 그냥 우리 학교 사무직원이었다.

그 여인이 지금 건널목 맞은편에 서서 신호를 기다리고 있다. 20년 전 그때의 모습으로 서 있다. 아니야, 그 여자일 리가 없어. 그녀의 딸일 거야. 자기와 쏙 빼어 닮은 딸을 낳았고, 또 자기와 닮게 키웠겠지. 그래서 처녀 시절의 자기 모습대로 분장하고 다니게 했겠지. 글쎄…….

나는 강한 호기심으로 어서 빨리 신호등이 바뀌지기를 기다리고 있었다. 드디어 그녀와 마주쳤다.

"어머! 오랜만이네요. 학교에 있을 때보다 더 건강하게 보여요."

"그래, 반갑다. 자넨 하나도 변한 게 없어."

나는 얼떨결에 옛날의 말투가 튀어나왔다. 맞다. 그녀의 딸이 아니라 그녀였다. 딸? 그녀가 결혼은 했던가? 모르겠다.

내가 뒤를 돌아보았을 때는 차들이 질주하고 있었고, 그녀는 저만치 멀어져 갔다. 외견상 그녀는 옛날 그대로의 처녀였다. 참으로 세월을 모른 여자, 세월을 무색하게 하는 여자였다.

내가 그녀의 변치않는 모습에서 그녀가 아닌 딸을 추정하게 된 데에는 사연이 있다.

아마 15년은 훨씬 전이었을 것이다. 외가 쪽에 문상할 일이 생겨 갔더니 동네 사람들이 상당수 모여 있었고, 더러는 시간을 보내기 위해 윷놀이에 열중하고 있었다. 그때 외삼촌의 친구로 보이는 노인이 히쭉거리며 윷놀이에 열중하고 있었다. 그분은 내가 어렸을 때 나를 무척·귀여워해 주었었다.

"삼촌, 저분은 앞니는 빠졌지만 아주 젊으시네요." 하고 히쭉거리는 노인을 가리켰다. 외삼촌은 처음에는 무슨 말인지 이해가 안 되는 듯 얼굴을 찡그리더니 이렇게 말하는 것이었다.

"너 잘못 생각했어. 저 사람은 네가 생각하는 분의 아들이여. 그분은 죽은 지 한참 되었다."

나는 잠자코 있었다. 충격이 얼른 떠나지 않았다. 세월이 모르는 사이에 그렇게 흘렀고, 바쁘게 지나는 사이에 더 빨리 흘러, 나도 어느덧 노년에 이르렀다. 길거리에서 조우하는 논인들을 유심하게 쳐다보지 않을 수 없다. 홀끗홀끗* 바라보는 눈초리에 연민의 정을 보내게 되었다.

검은 옷의 여인을 우연히 만나면 물어 보리라. 그렇게 한결같은 차림새를 하고 다니면, 세월을 의식하지 않고 그대로 둔 채, 세월이 무색하게 살 수 있나를.

어쩌면 세월은 가만히 있는데, 기분에 따라 덧없이 세월 탓만 하고 있는지 모르겠다.

*누구를 몹시 기다리는 모양을 나타내는 제주 사투리.

젊은 노인

유신정권이 발호하던 지난 세기 1970년대 중반, 대학에서 학장의 주도하에 교수들의 논문발표회가 있었다. 어느 교수가 노인복지를 중심으로 논문을 발표했다. 그 교수는 노인에 관한 세계적인 흐름과 학문적 경향을 감안하여 노인을 60세 이상으로 규정하고, 제주도 노인 문제를 처음으로 다루었던 것이다.

발표가 끝나자마자 학장이 버럭 화를 내며 한마디했다.

"내가 금년 60세인데, 나도 노인이란 말인가?"

사실 팔팔하고 날카롭고, 게다가 처음으로 실시된 교수 임용계약시 갑甲이었던 학장의 위세야말로 엄청나서, 토론이 제대로 이루어지지 않았다. 더욱이 학장은 인자하고 점잖고 초연한 노인의 상像과는 사뭇 달라, 노인이라고 할 수 없었다.

노인복지법에는 노인의 나이를 65세로 규정하고 있는데, 나도 그 나이에서 10년이 더 흘러, 어느덧 노인이 되었다. 친구들도 늙었다. 친구의 얼굴에서 나를 읽는다. 동창들도 늙었다. 나도 노인이 된 지 한참이나 되었다. 어찌할 것인가, 세월의 흐름을. 아쉬워할 것도 없다. 덧없다고 주저앉을 것도 아니다. 아름다운 노인처럼 살면 되는 것이다.

노인의 아름다움은 화장한 얼굴에서가 아니라 그의 인자한 표정에서 온다. 눈물이 마를 날이 없었던 어둡고 괴로운 시절을 극복하고 귀여운 손주들을 그윽히 바라보는 할머니의 인자한 모습은 이 세상에서 가장 아름다운 것이다.

노인은 관조의 세계에서 산다. 물욕도 명예욕도 없으므로 명경지수 같은 마음으로 사물의 본질을 꿰뚫는다. 초연히 상황을 보고 객관적으로 올바른 판단을 내린다. 깊고 고요한 호수는 작은 파문에 일희일비하지 않는다. 쉴 새 없이 자기를 계발하지 않고 한 생각에 고착되어 그것만을 고집하는 것은 노욕이요, 추하게 보인다. 아무리 자신 있는 일이라고 해도 중책을 맡는 일은 노욕이요, 추하게 보인다. 언제 건망증이 스며들어 중요한 것을 잊거나, 건강이 갑자기 악화되어 큰일을 그르칠 수도 있기 때문이다.

청년의 욕심은 나무랄 수 없지만, 노인의 욕심은 노욕이라 하여 멸시의 대상이 된다.

제주의 선인들은 예부터 근검절약한 생활 자세를 최고의 미

덕으로 삼아왔다. 여기에 강인성이 곁들여 험한 자연조건을 잘 극복하여 왔다. 특히 자립정신은 도민의 기질로 자리 잡아 타 지방과는 다른 특색을 보이고 있다. 어쩌면 바람직한 노인상도 여기에서 유추할 수 있을 것 같다.

제주도민의 근면성은 널리 알려진 특질이라 할 수 있고, 노인들도 예외가 아니다. 김상헌金尙憲이 400여 년 전에 쓴 제주도에 관한 기행문인 ≪남사록南槎錄≫을 보면, 노인의 근면성에 대하여 다음과 같이 기술하고 있다.

'또 마을의 남녀가 칠팔십 되는 자가 많은데, 아직도 능히 강건하여 늙은 티가 없고, 오히려 관청에 출입하고, 병역에 종사하는데 혹 90된 자도 또한 많다고 한다. 노인성老人星이 비추어 보고 있는 까닭에서가 아닌지 어찌 알겠는가.'

도민의 근면성은 민요나 속담에서도 강조되고 있다. 한여름 뙤약볕에 다음과 같은 노래를 부르며 일하는 노인들의 모습을 보면 가슴 뿌듯이 감동이 스며든다.

큰 부재 하늘엣 부재
족은 부재 오금엣 부재
오금엣 특 오금엣 특

제주도 노인들은 노후생활을 자녀에게 의존하려 하지 않는다. 이것은 바로 자립심에서 우러나온 것이다. 한 울타리 속에 살면서도 취사를 따로한다. 부모와 자식 사이에도 가계의 한계를 정하여, 자식이 적령이 되어 혼인을 시킨 후에는 따로 가계를 꾸렸다. 아버지가 홀로된 경우에는 예외도 있지만, 7순 8순이 넘은 노인들도 거동을 할 수 있는 한 독립생활을 한다.

자립은 노인들의 위엄과 의연함을 견지해 주는 수단이다. 그러므로 자립정신은 한사코 강인하게 확보해야 할 가치라고 할 수 있다. 강인성은 근검절약과 자립을 중단 없이 밀고 나가는 추진력이다. 척박한 환경을 극복하고 억척같이 생의 심지에 불을 지필 수 있었던 원동력도 강인성이었다.

해산물로 가득 찬 망사리를 메고 파도를 헤치며 나오는 칠십이 넘은 해녀를 보라. 그녀에게서 강인함이 넘치는 근로의 여신을 본다. 누가 그녀를 늙은 노인이라 하겠는가?

강인하게 근로를 통하여 젊음을 발산하는 노인, 젊음은 그 자체가 아름다운 것이므로 젊은 노인은 아름다운 것이다.

금연 타령

어느 날 아침 중견급 탤런트 한 분이 우리 집 근처에 있는 토속음식점 앞에서 맛있게 담배를 피우며 친구와 이야기를 나누고 있었다. 좀 더 가까이에서 그를 보려고 일부러 그들 앞을 지나갔다. 그런데 그 탤런트가 이런 이야기를 친구에게 하는 것이었다.

"식후불연이면 소화불량이라. 이런 말 들어 봤지?"

나도 들었던 적이 있다. 이미 50여 년 전에 담배를 처음 피우기 시작하면서 그런 말을 듣고 지껄이기도 했다. 나는 어느덧 그때로 돌아가 있었다.

겨울이 한창이던 어느 날, 한 친구의 집안에 이장移葬할 일이 생겨 그것을 도와주게 되었다. 한밤중에 한라산 북쪽 기슭에 있는 무덤을 파고, 시신을 싸서 두 사람이 교대로 꽃가마처럼 메고 밤길을 걸었다. 캄캄한 밤에 길은 질척거리고, 돌멩이도 많았다.

밤을 지새우며 한라산 동쪽 기슭을 돌아 남쪽 남원면 지경에 도착했을 때는 12시간이 지나 한낮이었다. 남국의 따스한 햇볕에 졸음이 왔다.

일을 다 마치고 돌아올 때는 어둠이 내리기 시작했다. 오는 길이 왜 그리 멀고 아득했던지, 멀리서 깜박이는 제주시의 불빛은 아무리 다가가도 그 자리에 있었다.

친구에게 담배 한 개비를 얻어 처음으로 들이마셨다. 소주 한 컵을 쭉 들이켜면 그것이 뜨겁게 몸으로 들어가서 머리로 올라가는 것 같은 아련함을 담배에서도 느꼈다. 기분이 한결 좋았다.

처음 피울 무렵의 담배 맛은 지금도 잊을 수 없다. 값이 제일 싼 '진달래'도 향긋하였고, '백양'은 달콤하였다. 재수할 때였으므로 담배 살돈도 없이 만나면 나누어 피었다.

어떤 친구가 담배가 떨어져 거리를 헤매는데, 마침 한 신사가 담배를 피우면서 지나가는 것을 보았다. 적당히 피우고 던져 버리기를 기대하면서 뒤를 쫓아갔는데, 그 사람은 반도 안 피운 담배를 길바닥에 짓눌러, 마구 뭉개고 가버렸다는 것이다.

담배 조달이 어려워 금연할 것을 결심한 적도 있다. 그러나 몇 시간도 안 되어 허물어지고 말았다. 건강 같은 것은 생각도 못했다.

아버지는 화가 났을 때는 꼭 담배를 찾았다. 그래서 가끔 어머니와 말다툼을 할 때에는 나는 아버지가 어디에 담뱃갑을 놓아두었는지 살피게 되었다. 아버지가 담배를 안 피웠다면 화를 어떻게 삭이셨을까 궁금해진다.

요사이는 정부가 주도적으로 금연 운동을 벌이고 있지만, 옛날 조선조 어느 때에는 역병이 들면 남녀노소가 모두 담뱃대를 물었다는 이야기도 있다.

인디언들은 평화와 우정의 표시로 담뱃대를 돌려가면서 피웠다. 인디언들에게 담배를 배운 영국의 한 귀족이 귀국하여 담배를 피우면서 입과 코로 연기를 내는 것을 보고, 하녀가 몸에 화재가 난 줄 알고 물을 끼얹었다는 이야기도 전해진다.

담배, 그것도 국산 담배를 굴뚝같이 많이도 피웠다. '국산 담배 애용'이란 표어는 자주 보았지만 건강에 유해하다는 소리는 별로 들은 적이 없었다. 국산 담배를 애용함으로써 애국하는 기분까지 들었다. 그런데 베트남전에 참전하면서 양담배에 절었다. 피비린내를 희석시키는 것으로는 좋은 담배가 제격이었다.

그런데 50년 가까이 담배를 피우다 보니 여러 가지 좋지 않은 일들이 다가왔다. 간접흡연의 위험성과 함께 천식은 물론 내가 알지도 못하는 병들의 조짐이 나타나기 시작한 것이다.

드디어 끊어 보기로 작정했다. 금연으로 며칠이 지나갔다. 갑자기 세상이 어둡고 괴롭고 무엇인가 쫓기는 기분이 되었다. 다시 담배를 뽑었다.

두 번째로 다시 금연을 시도했다. 이번에는 패치(patch)와 같은 금연 보조 재료를 사용했다. 패치를 붙였던 자리가 아리고 가렵기는 했으나 금연으로 일주일을 견디었다. 그런데 길을 걸으면 길 위에 온통 꽁초만 보이는 것이었다. 전에는 잡초나 야생화도 눈에 띄었는데, 지금은 희한하게도 담배꽁초들만 보이는 것이었다. 두 번째도 실패였다.

마지막은 아내의 간곡한 권고로 다시 시작했다. 보건소에서 패치와 함께 금연 껌을 사용해 보라고 했다. 금연으로 일주일이 지나고 한 달이 지났다. 또 한 달이 지났다. 그런데 이번에는 금연 껌이 나를 놓아주지 않았다. 금연 껌을 입에 넣고 오물거린 지 일 년이 지나갔다.

몸에는 암이 자라고 있었다. 그것을 떼어내기 위해 병원에 입원하고서야 겨우 금연 껌도 자취를 감추게 되었다.

50여 성상 긴 세월 동안 한결같이 불초한 나와 애환을 같이 하면서 나의 입술을 희롱하다가 눈물을 머금고 담배는 사라진 것이다.

그런데 느닷없이 요금이 두 배 가까이 오른 담배를 꽁초도 남기지 않고 피우는 상황에서, 하루 벌어 하루 먹고사는 골초들은 어떻게 담뱃값을 마련할 것인가?

요사이도 나는 가끔 꿈속에서 담배를 피운다. 그리고 큰일 났다고 후회한다. 그래도 잠에서 깨어나면, 안도의 한숨을 쉰다.

4부

사계의 향수

보통 사람들

숨 막혀 죽은 아기를 위하여

4·3사건과 선인들의 지혜

무명씨의 묘비명

미안해 하지 마라

유신의 추억

금강산의 메아리

백담사 가는 길

이 땅에 태어난 죄

백제인의 미소

사계의 향수

다음에 인용하는 글은 필자가 1969년 3월 초순경 베트남 다낭에 주둔하고 있던 청룡부대 보병 중대에서 고향을 그리워하며 적은 일기의 한 토막이다. 당시 나는 신혼 살림을 접어둔 채 숨죽여 우는 아내를 달래면서 고향에 보내고 국가의 명을 따라 베트남의 정글에서 지겨운 세월을 보낸 지 6개월이 넘은 때였다.

지금 고향은 봄이 아니겠는가. 산야를 헤매며 민들레와 할미꽃을 찾고 싶다. 양지 쪽에 앉아 맑은 하늘과 솜털 같은 구름을 보고 싶다. 종달새 우짖는 소리도 듣고 싶다. 또 보고 싶다. 송아지 우는 마을 저수지 한 모퉁이에 수줍게 피어 있는 복숭아꽃도 보고 싶다. 그 둑 위를 아내와 다시 손잡고 거닐고 싶은 거다. 그때도 그녀의 얼굴은 복숭아꽃을 닮아 있었다.

여기 베트남은 계절이 없다. 그래서 계절의 감각을 못 느낀다. 있다면 며칠이고 사정 없이 쏟아지는 폭우가 있을 뿐이다. 폭우가 끝나면 머리 위에서 내리쬐는 폭양이 있을 뿐이다. 그래서 식물은 잘도 자란다. 모기와 파리도 쉴 새 없이 알을 싼다. 아름다운 붉은 꽃들도 핏빛 같아 소름이 끼친다.

봄, 여름, 가을 그리고 겨울. 이 얼마나 가슴 깊이 저며 오는 말들인가. 사시사철이 지나도 변함없는 곳이 여기다. 그래서 여기는 철따라 옷도 바뀌지 않는다. 철따라 입맛을 돋우는 음식도 없다.

사람들의 얼굴엔 생기가 없다. 땅굴 속에 숨었던 여자 베트공의 얼굴은 처참하리만큼 하얗고, 농부들의 얼굴은 햇빛에 그을려 종아리까지 새까맣다. 홍조를 띤 여자도 안 보이고, 술독이 올라 코끝이 붉은 남자도 찾질 못하겠다.

무감각한 계절마냥 베트남 사람들도 무감각하다. 곁에서 포탄이 떨어져도 태연하고, 동족이 다쳐도 아우성치지 않는다. 수십 년 동안 전쟁의 불길에서 잿더미가 되는 그들의 조국은 어디에 있는가. 감정을 삼키며, 감각을 잃고, 허공만을 쳐다보는 민족이여.

총소리와 포소리만이 대지의 신음을 알릴 뿐, 모든 것은 따가운 태양 아래 시들어 갈 뿐이다. 그래도 아침 일찍 일어나 서늘하게 불어오는 바람을 들이켜며 고향의 봄을 느끼려 하는 나는 기합이 빠진 해병일까.

베트남과 같은 열대 지역에서 일 년 정도를 보낸 사람이라면 사계절이 있는 우리 나라가 얼마나 복된 곳인가를 뼈저리게 느끼게 된다. 그리고 사계의 변화가 얼마나 고마운지를 안다.

만물이 소생하는 고향의 봄에는 노인들의 얼굴에도 생기가 있다. 활짝 핀 꽃들을 보며 슬픔에 잠기는 사람은 정상이 아니다. 차가운 겨울의 움츠림을 따사로운 봄의 입김에 풀지 못하면, 그것은 이상한 일이다.

신록과 함께 찾아오는 초여름은 우리의 마음을 풍성하게 한다. 자연의 그 어느 것도 우리의 마음을 끌지 않는 것이 없다. 한라산도 푸르고, 초원도 푸르다. 반짝이는 백사장 너머로 청자빛 바다가 한가로이 졸고 있다.

오밀조밀 싸인 밭담 너머로 열심히 일하는 여인들의 모습은 아름답고 성스럽다. 그들이 있어 제주의 자연은 더욱 감동을 일으킨다. 제주의 자연은 단순히 즐기는 자연이 아니라 삶의 보람을 찾는 생활 속의 자연인 것이다.

쓸쓸한 가을에는 정다웠던 사람들이 그리워지는 계절이다. 은혜를 주었던 사람들이 낙엽처럼 저세상으로 가기 전에 도타웠던 정을 다시 한 번 확인하는 계절이다. 자연의 결실을 보며 인생의 결실도 점검하는 계절인 것이다.

겨울이 없다면 장래의 어려움을 대비하는 개미의 지혜도 갖지 못할 것이다. 겨울의 찬바람은 우리들의 나태를 경고하는 자연의 입김이다.

이렇게 자연의 변화와 자극을 주는 사계를 우리는 향수享受하고 있다. 여기에 돌과 나무, 초원과 기생화산군이 펼쳐지고 있다. 이러한 대자연의 정원에 우리의 땀의 결정체인 향토 경관이 외래인에게 감흥을 주고 있는 것이다.

지금 우리에게 중요한 것은 이 아름다운 자연을 정성껏 가꾸어 가면서 선인들이 지녀 온 따스한 인심을 계속하여 살려가는 것이다. 아무리 자연이 아름답다고 하더라도 인심이 사납다면 관광객은 등을 돌리고 말 것이기 때문이다. 따스한 인심, 이것이야말로 사계절에 따른 변화가 있는 자연을 더욱 아름답게 보이게 하는 촉매가 될 것이다.

보통 사람들

보통 사람을 표방하고 대통령이 되었던 노태우 전 대통령은 분명히 보통 사람이 아니었다. 보통 사람이라면 어떻게 대통령이 되었겠으며, 또 어떻게 그렇게 엄청난 비자금을 모을 수가 있었을까.

사람의 지능지수를 기준으로 하여 분류하면, 천재天才, 수재秀才, 범재凡才 그리고 둔재鈍才로 나눌 수 있을 것 같다. 노 전 대통령은 천재는 아닐지라도 수재는 될 것이다. 그러나 그를 수재의 전형典型으로 보고 싶지 않은 데에 우리의 비극이 있다. 그가 수재의 전형이라면 그러한 수재는 안 되어도 좋은 것이다.

그래도 입시철이 되면 대부분의 부모들은 자기의 자식이 수재가 되기를 원한다. 수재를 둔 부모들은 지금까지의 고생이 좋은 결실을 맺었으므로, 그것을 자랑하기도 하고 뻐기고 싶지만, 주위가 거의 범재들이고, 자식 자랑, 마누라 자랑은 팔불에 속하는 것이므로 눈치껏 헛기침이나 하는 수밖에 없다.

범재를 둔 부모들은 그 탓을 자기나 배우자의 지능에 돌리거나 애꿎은 교사들을 원망해 보기도 한다. 정신없이 해마다 바뀌는 입시제도를 비난하기도 한다. 그러나 본래, 학력의 향상은 본인 자신의 자질과 노력에 달려 있는 것이므로, 부모들의 노력은 헛수고로 끝나는 경우가 많다.

타고난 머리는 타고난 얼굴처럼 어쩔 도리가 없다. 부모의 마음을 가장 쉽게 하는 것은 왜 이런 머리, 왜 이런 못생긴 얼굴을 하고 태어나게 했는가 하고 자식들이 원망했을 때이다. 그러나 타고난 머리나 타고난 얼굴도 자신의 행동이나 마음가짐에 따라 얼마든지 달라질 수가 있다. 타고난 미모도 행동에 따라 더욱 추하게 보일 때가 있다.

본래 수재와 범재의 효용성은 큰 차이가 없다. 욕심차고, 심술궂고, 오만한 수재와 같이 있어 보라. 얼마나 피곤하고, 속이 뒤틀리는지 알 것이다. 수재가 저지르는 바보 같은 짓은 우리 사회에 엄청난 해악을 끼친다. 욕심에 눈이 어두운 수재가 중요한 직책을 차지하고 있는 경우를 생각해 보라.

좀도둑질을 하는 자들은 보통 둔재일 가능성이 많다. 그러나 좀도둑이 없다면, 무더운 한여름밤, 모든 문을 활짝 열어 젖히고 알몸으로 자고 싶은 경우가 있을 것이고, 이때는 더 큰 성범죄를 유발할지도 모른다.

수재는 하나를 배우면 열을 안다. 그의 정확한 판단과 성실성, 그리고 창조성은 그보다 못한 사람들에게 많은 도움을 줄 수가 있고, 사회에도 많은 공헌을 할 수가 있다. 이런 의미에서의 수재라면 우리는 그에게 마음껏 박수를 보내며, 상찬할 것이다. 그러나 그 빠른 머리 회전으로 남보다 앞서 이익을 챙기고, 자기 머리만 믿어 편견에 사로잡혀, 남을 이용할 생각에만 몰두하며, 속단과 독단으로 중요한 일을 그르친다면, 이러한 수재는 필요없는 것이다. 이러한 수재가 많은 사회는 불행한 사회이다.

스스로를 범재로 여기고, 호까지도 백범白凡으로 하면서도 그의 뜻은 오로지 조국의 광복과 통일로 매진한 김구 선생이야말로 보통 사람들은 물론 수재들이 지향할 귀감이라고 할 수 있다.

보통 사람들은 그의 머리를 믿지 않고 그의 노력과 천명에 의존한다. "하늘은 스스로 돕는 자를 돕는다."라는 자조自助의 말은 서양의 격언이긴 하지만 우리에게도 절실한 말이다. 이 짧은 글귀에는 성실한 인간들의 수많은 경험에서 얻어진 귀중한 교훈이 담겨져 있다. 자조의 정신은 우리가 진정한 성장을 이루기 위한 기반이다.

자조의 정신이 그 사회의 특성이 되고 있는 국가는 그 장래를 걱정할 필요가 없다. 확실히 모든 경우에 다른 사람보다 뛰어난 능력을 발휘하여 지위도 높고, 세상의 존경을 받는 수재가 없는 것은 아니다. 그러나 이런 능력이 없고, 이름도 알려져 있지 않은 보통 사람들이야말로 사회 발전에 중요한 역할을 하고 있다.

전쟁에서 죽은 무명의 용사들, 산업전선에서 땀 흘리는 근로자들, 외국과의 경기에서 미친 듯 응원하는 선남선녀들의 열정에 의해 국가는 힘을 얻는다. 역사에 이름을 남긴 영웅들처럼 역사에 이름 없는 수많은 민중들이 사회의 발전에 큰 몫을 담당하고 있다. 오히려 보통 사람들 중에 근면과 절제를 통하여 자기의 목적을 성실하게 추구하며 그것을 주위의 사람들에게 행동으로 보여주는 사람들이 있다. 그들의 지위나 능력은 눈에 띄지 않지만, 끊임없는 노력과 극기를 통하여 이웃에게 한없는 탄상과 존경을 받고, 또 이웃에게 기쁨과 도움을 주고 있다.

인간의 가치는 그의 타고난 재질에 있는 것이 아니라 얼마나 성실하게 노력했느냐에 달려 있다. 나태한 사람은 어떤 분야에서든 뛰어난 업적을 쌓을 수 없다. 전력을 다하여 배우고 일하는 것 말고는 성공할 방법이 없는 것이다.

속담에 우자愚者가 범을 잡는다는 말이 있다. 너무 약은 사람은 이것 저것 앞뒤를 재다가 큰일을 못하는 반면에, 이리저리 따지지 않고 과감히 대드는 사람은 뜻밖의 큰 일을 하게 된다는 뜻이다. 이러한 것도 그의 노력이 뒷받침되지 않으면 결행하기 어려운 것이다.

보통 사람들은 자기의 자질이 보통밖에 되지 못함을 알기 때문에 정직하게 노력을 통하여 목표를 달성하려고 한다. 항상 자기를 낮추고, 이웃을 생각하며, 혼자만 앞서 나가려고 하지 않는다.

그뿐이겠는가. 부모에게 효도하고, 동네 어른을 존중하며, 불우한 이웃을 돌봐 준다. 국가를 위하여 전쟁터에서 먼저 죽는 사람들이 보통 사람들이다. 이러한 사람들이 대다수를 차지하고 있는 국가의 장래는 어둡지도 않고, 흔들리지도 않는다.

보통의 머리를 가진 자녀를 둔 부모들이여, 무엇을 걱정하겠는가. 어려운 일이 있을 때, 그들은 항상 곁에 있다. 아플 때에도 병상을 떠나지 않는다. 그들의 따스한 정, 정직한 마음, 그리고 성실성을 만날 때, 이 살벌한 세상에도 사는 보람을 느끼게 되는 것이다.

숨 막혀 죽은 아기를 위하여

한라산 기슭, 깊숙한 곳에 물이 말라버린 건천이 있고, 이 냇가 양안에는 2층 높이의 절벽이 형성되어 있다. 절벽 주위에는 소나무와 같은 상록수는 물론 온갖 종류의 낙엽수, 그리고 관목들이 덮여 있어, 절벽 밑 바위굴에 숨어 있으면 좀처럼 찾아내기 힘든 곳이었다.

엄마는 어린아기의 입을 틀어막았다. 바위굴이 관목과 나무 속에 가려져 있어도 우는 아기 소리는 막을 수가 없었던 것이다. 토벌대는 이미 근거리에 와 있었고, 아기의 우는 소리는 아기의 가족은 물론 한 굴에 있는 이웃집의 가족까지 발각되어 죽게 될 상황이었다.

얼마나 오랜 시간이 흘렀을까, 토벌대들의 수런거리는 소리도 멎었으니 그들은 멀리 떠난 것 같았다. 그런데 아기는? 아기는 숨이 막혀 영원히 울음을 멈추고 말았다.

이 이야기는 1949년 초 4·3사건이 한창이던 겨울에 한라산 기슭에서 실제로 있었던 일이다. 초등학교 2학년 때 들었던 이 이야기를 반세기가 지난 지금까지도 머릿 속에 남아 자꾸 되뇌이게 된다.

아기가 살았다면 4·3사건에도 살아났던 많은 어린이들처럼 부모님에게 효도하고, 나라에 충성하는 선남선녀가 되었을 것이다. 그런데 무엇이 아기를 죽게 하였을까? 아기의 입을 사정없이 틀어막았던 어머니의 무지 때문이었을까? 세상의 흐름을 잘못 판단하고 단독정부에 저항했던 좌익들의 책임일까? 도민들의 잘잘못을 가리지 않고 무지막지하게 섬을 초토화시킨 토벌대의 잘못인가?

이 순진무구한 아기의 죽음이야말로 잘못된 죽음이 분명한데, 죽은 지 50년이 지난 지금에 와서도 그 책임이 누구에게 있는지 가릴 수가 없는 것이 참으로 답답한 일이다. 좌익의 주동자들은 북한에서는 영웅시되고 있고, 토벌대의 어떤 장교들은 장성이 되어 하늘의 별처럼 반짝이고 있는데, 엄마의 손에 숨이 막혀 죽은 아기는 가뭇없이 사라지고 없는 것이다.

아기를 뭉개 죽인 것은 어른들이었다. 이데올로기로 머리에 꽉 찬 어른들은 그들의 발 아래에서 밟혀 죽어가는 아기들이나 어린이들은 생각조차 못했던 것이다.

아이는 언제나 어른들의 소망이다. 게다가 제주도의 옛사람들은 아이를 저승에서 인간의 죄를 최후로 심판하는 동자판관으로 보았다. 그러면, 왜 이때 최후의 심판자가 어른이 아닌 '동자'인 판관인가. 우리는 여기서 제주도 선인들이 아이에 대하여 특이한 인식을 가졌음을 알 수 있다.

죄를 심판하는 자는 선입견이나 편견 또는 불완전한 지식이나 고정관념에 물들지 않은 순진무구한 상태에 있어야 한다. 그래야 공정하게 재판을 할 수 있기 때문이다. 아이는 뇌물이나 청탁을 받을 상황에 있지도 않다. 이런 면에서 본다면 인간의 죄의 유무를 판단하고, 진로를 정해 주는 일은 어른이 할 수 없다.

어른은 경험한 지식을 통하여 이미 일상에 감염되어 있으므로 심판 받을 자의 가리워지지 않은 본래적인 모습을 올바로 볼 수가 없다. 고착화되지 않은, 본질적이고 직관적인 지혜로 모든 일상성을 부정하는 바탕 위에서만 타인을 공정하게 판단할 수 있다. 어른보다는 아이가 이런 면에 더 가까울 수 있다.

제주도 선인들은 이렇게 아이가 가지고 있는 순수성과 본질적인 측면을 더 중요시하여 동자를 판관으로 설정하였고, 최종적인 결정을 내리도록 한 것이다.

아기, 얼마나 힘들게 태어난 생명인가. 꽃잎처럼 부드럽고 촉촉한 손, 맑디 맑은 눈동자, 천진스런 웃음은 어른들의 온갖 시름을 잃게 하는 것이다. 그래서 아기는 눈에 넣어도 아프지 않다고 하지 않는가. 그래도 옛날에는 아기를 키우는 것이 요사이처럼 쉽지 않았다.

옛날 제주도 사람들은 아이 키우는 것을 농사에 빗대어 반작(半作)이라고 하였다. 자식을 여섯 낳으면, 셋은 크기 전에 아파서 죽는 것이 보통이었다. 특히 천연두는 가장 귀여운 세 살 또는 네 살의 아기들을 부모의 품에서 빼앗아가곤 했다.

그런데 4·3사건은 전염병도 아니고, 자연재해도 아닌 어른들의 이데올로기 싸움 때문에 아기들을 숨막혀 죽게 하거나 눈덮인 한라산 산야에 팽개치게 하였다. 멀고 먼 곳에서 흘러온 사조에 의해 전쟁과 같은 극한상황을 만들고 만 것이다.

전쟁은 그 명분이 무엇이든 파괴요 살육이다. 베트남 전선의 어느 미 해병이 자기 철모에 선명하게 쓰고 다닌 것처럼 전쟁은 지옥인 것이다. 전쟁을 경험한 사람은 평화야말로 가장 지고한 가치라고 하는 것을 마음으로 안다. 왜냐하면 전쟁 속에서는 자유와 평등이란 한낱 구호에 지나지 않음을 뼈저리게 경험하기 때문이다. 평화 속에서만 자유와 평등이 구현되기 때문이다.

제주도는 평화의 섬을 지향하고 있다. 그 피비린내 나는 동족간의 싸움을 우선 제주도에서만이라도 치유하고, 이 땅에 평화를 정착시키려는 노력은 어쩌면 당연한 것이다. 4·3사건에서 참으로 드높은 교훈을 찾고자 하는 것이다. 일본 수상이 도둑 고양이처럼 신사참배를 하는 것과는 차원이 다르다.

그런데, 평화는 구호만으로 이루어지는 것이 아니라, 전쟁을 치르는 것 이상으로 굳은 결의와 인내가 필요하다. 전쟁이 파괴요 살육이므로 생지옥을 만드는 것은 어렵지 않다. 그러나 평화는 건설이요, 생육이기 때문에 한없는 인내와 지혜가 필요한 것이다. 평화도 전쟁 이상으로 자기 희생을 필요로 하는 것이다.

4·3사건을 슬퍼한다. 세월이 가도 잊히지 않는다. 4월이 오고, 한라산 산자락에 피어 있는 야생화를 보면, 숨 막혀 죽은 아기가 생각난다. 4·3사건을 상기하는 것은 외래 사조를 고집하다 죽은 어른들보다 순진무구한 아이들이 죽지 않도록 경계하기 위하여 더욱 필요한 것이다.

4·3사건과 선인들의 지혜

보리를 파종한 후 제주의 산야는 벌거벗은 채, 싸늘한 겨울 바람에 떨고 있는 것 같았다. 구름은 낮게 드리워 한낮인데도 침침했다.

"눈 뜨지 마라. 눈을 꼭 감아야 산다." 어머니는 나의 손에 힘을 주면서도 목소리는 떨리고 있었다.

때는 4 · 3사건이 최고조에 달한 당시였다. 중산간에 있는 마을 주민들이 몰살을 당하거나 해변 마을로 강제 이주 당하면서 사람의 목숨이 파리의 목숨과 다름이 없는 때, 나는 초등학교 1학년생이었다. 어른들이 서로 죽이고 죽는 상황에 어느 정도 익숙해져 있던 나였지만, 자신도 모르게 눈이 떠질까봐 눈꺼풀에 힘을 주고 있었다.

제주시 연동 공회당, 5백 평 남짓한 운동장에 집합된 주민들은 3백 명 정도로 노인이나 부녀자들뿐이었다. 군용 트럭이 우리들 앞에 있는 것으로 보아 우리를 포위하고 있는 병력은 1개소대였으리라. 키가 크고, 얼굴이 길쭉한 한 군인이 양손을 옆구리에 얹고, 부하장병들에게 하듯이 한바탕 훈시를 하고 나서 우리더러 눈을 감으라는 것이었다. 눈을 뜨고 있는 자는 폭도로 간주하겠다는 것이다. 다만 아까부터 군인들과 함께 앞에서 있으면서 키 큰 군인이 주는 담배를 받아 피우던 더벅머리 청년은 예외였다. 어린 내가 보기에도 그 청년은 팔보에 가까웠지만, 죽음을 의식하고 있었던지 얼굴은 사색이 되어, 군인들이 시키는 것이라면 무엇이든지 할 자세가 되어 있는 것 같았다.

눈꺼풀에 몹시 힘을 주어 더 이상 눈을 감지 못하겠다고 생각되었을 무렵, 갑작스럽게 앞에서 소동이 일어났다. 몰래 눈을 떠보니 노인들이 더벅머리 청년을 발로 차고 때리며 마구 욕을 하고 있었다.

"야 이놈아! 무슨 증거로 이 사람들을 폭도라고 했느냐?"

노인들 중 얼굴이 약산 곰보인 분의 목소리가 똑똑하게 들렸다. 군인들이 그만두라고 명령하지 않았으면 이 청년은 노인들의 손에 맞아 죽을 판이었다.

우리들이 눈을 감고 있었을 때 군인들은 이 바보 같은 청년에게 폭도 노릇을 한 사람들을 고르라고 했고, 그는 생각 없이 얼굴이 반반한 부녀자 몇몇을 가리켰던 것이다. 당시 노인들의 분노와 항의를 나는 아직도 잊을 수 없다.

절체절명의 위기 상황에서 보일 수 있는 용기야말로 진짜 용기인 것이다. 이러한 용기를 군인들은 전혀 예측하지 못했다. 마을 사람 몇 사람을 골라, 총살하여 전과로 삼으려던 그들의 의도는 완전히 빗나가고 말았다. 대신 화살은 죄 없는 사람들을 무고한 이 불쌍한 청년에게 날아갔다.

키 큰 군인이 다시 마을 사람들에게 이런 나쁜 사람 때문에 죄 없는 사람들이 죽게 된다는 것, 어쨌든 폭도 짓은 해서는 안 된다는 훈시를 한 후에, 그 청년은 인근 밭 구석에서 한 방의 총알로 간단히 세상을 떴다.

나는 어느덧 청년이 되어 베트남에 전사戰士로서 참여하였다. 꼭 9개월 동안 정글을 헤집고 다니면서 4·3사건과 비슷한 상황에 직면하여, 어린 시절의 쓰디쓴 추억을 떠올렸다. 그 때 뼈저리게 느낀 것은 전쟁은 예나 제나 조상 때부터 원수진 적이 없는 적들을 향해 총부리를 겨누어야 하고, 총알은 전사가 아닌 부녀자나 어린이에게 박힌다는 것이었다. 살아 있었다면 참으로 훌륭한 일을 하였을지 모를 그 생명들이 가뭇없이 사라지고 마는 것이었다. 그때부터 나는 이 소중한 생명들을 책임져야 할 지도자들이야말로 그 누구보다도 인간적인 고뇌와 지혜를 가져야 한다는 사실을 깨달았다. 그렇지 않고 자기의 명예와 주장만을 관철하려고 단체를 이용하려 한다면 이것은 엄청난 죄악을 가져온다는 것이다. 전쟁과 같은 극한상황

속에서는 가장 소중한 생명이 헛되이 사라지기 때문이다.

몇 사람의 지도자의 지혜로 서슬이 퍼런 4·3사건의 와중에서도 마을 사람들의 생명과 재산을 보존시킨 마을을 우리는 알고 있다. 북제주군 애월읍 수산리가 그 대표적인 예라고 할 수 있다. 이웃마을에서는 우익과 좌익으로 나뉘어 서로 밀고하여 마을이 쑥대밭이 되고 말았는데, 어째서 이 마을은 온전할 수 있었을까. 그것은 당시 이장이었던 박 영감을 중심으로 마을 사람들이 똘똘 뭉쳐 있었기 때문이었다. 이 마을이라고 해서 좌익 성향을 가진 사람이 전혀 없었던 것은 아니었다. 다른 곳에서는 생각이 다른 사람들을 적으로 몰았지만, 이곳에서는 오히려 이것을 이용하여 마을 공동체를 살리고 있었던 것이다.

사전에 '산 사람'들이 습격한다는 정보를 입수하여 대문은 물론 광까지 열어두고 쌀들을 몰래 가져가게 하였다. 쌀을 모아서 주었다면 이 정보가 우익 쪽에 들어가서 이 마을도 쑥대밭이 되었을 것이고, 안 주었다면 산사람들에게 당했을 것이다.

총칼을 가진 자들로부터 자신을 보호하는 길은 아무것도 가진 게 없으면 되었다. 낮에 군경들이 올라오면 비록 자신들은 굶을지라도 최선을 다해 접대하였다. 사람만 살아 있다면 대지는 다시 이 마을 사람들에게 곡식과 가축을 줄 것이다. 사람만 살아 있다면 훌륭한 후손들이 때어날 것이고, 부모 은공도

갚아 줄 것이었다. 전쟁 속에서는 살아남는 것이 이기는 것이었다. 잘 알지도 못하는 이데올로기를 위해 싸운다고 어느 누가 밥을 주며 천당까지 보내 줄 것인가.

제주도의 역사상 전례 없는 비극인 4 · 3사건의 와중에서도 우리는 선인들의 용기와 지혜를 읽는다.

무명씨의 묘비명

지리한 장마는 농부들의 설움을 부풀려 놓고 갔다. 완연한 가을 속에 푸른 하늘은 점점 아득해져 간다. 아득한 하늘을 바라보면 그리운 분들이 생각난다.

돌아가신 할아버지, 할머니를 비롯하여 정겨웠던 분들이 생각난다. 할아버지는 말이 없으셨다. 소리 내어 웃는 일도 없었다. 못마땅한 일이 있어도 침묵으로 일관했다. 좋은 일이 있어도 그것을 드러내지 않았다.

그런데 할머니는 그렇지 않았다. 잘못한 것이 있으면 꾸중도 하고 눈을 흘기시기도 했다. 춘추가 구십이 넘고 자식들의 집을 전전하게 되었을 때, 틈만 있으면 살아왔던 이야기를 하셨다. 서럽고 섭섭했던 일은 빼고, 고생하면서도 어려운 일을 잘 극복했던 이야기만 하셨다. 자주 되풀이되는 말이었지만,

결코 싫지 않았다. 이야기는 어느덧 노래 가락처럼 잘 다듬어져 있었다. 그 특유한 애조 섞인 음성으로 긴 서사시를 읊고 있었다.

할머니의 이야기는 증조부까지 거슬러 올랐다. 증조부는 성품이 워낙 후덕하면서도 강직하여, 타인과 다투는 일은 물론 조금도 해치는 일이 없었다는 것이다. 수확이 끝나고 나면, 마을 사람들은 남들의 밭 가운데를 지름길로 이용하는 것이 보통이었다. 그러나 증조부는 이런 지름길을 놔두고 먼 길로 돌아서 갔다. 언젠가 밭주인이 그 밭을 경작하게 될 때는 그만큼 노고가 뒤따른다는 이유에서였다.

증조부는 남에게 폐가 되는 일은 물론 피해를 당해도 화를 내거나 다투지 않았다는 것이다. 경작지를 겸한 한라산 기슭의 목장이 마을 사람들이 방목한 우마牛馬들에 의해 농작물이 훼손되는 경우가 적지 않았다. 그래도 할아버지는 혼자서 혀만 찰 뿐 그 우마의 소유주에게 책임을 묻는 일이 없었다. 그래서 마을 사람들은 이 어진 할아버지를 존경하고 칭송했었다는 이야기이다.

증조부의 어진 성품은 할아버지로 옮겨지고, 다시 백부와 아버지에게 물려졌다는 것이다. 모두 선량하게 살아왔으므로, 다른 사람의 미움도 받지 않아, 그 살벌한 4 · 3사건의 와중에서도 아무도 죽지 않고 천수를 누리게 되었다는 것이다. 그것이 할머니에게는 유일한 삶의 보람이요, 긍지였다.

역사책에는 이름 석 자 나오지 않아도 주위에는 참으로 착하고 성실하게 살았던 많은 사람들이 있다. 국가가 위기에 처했을 때는 먼저 자신을 던져 희생하고, 가난한 이웃을 한식구처럼 돌보며, 불의를 보면 가슴을 치며 통곡하는 마음 뜨거운 사람들이 있었다. 그들이 이 나라를 지탱하여 온 것이다. 그들에 관한 이야기가 역사책에는 기록되어 있지 않지만 바로 할머니들의 입을 통해 전해오는 것이다. 무명씨無名氏들의 아름다운 이야기가 구전으로 전해오는 것이다.

조상들은 가고 없어도, 그 무덤이 아니라 그들의 아름다운 일화나 행적으로 전해주고 있는 것이다. 참으로 우리의 마음속에 간직해야 할 것은 조상들의 사회적 지위나 벼슬이 아니라 그들의 아름다운 행적이다.

한라산 산자락, 푸른 초원 위에는 많은 묘소들이 있다. 묘 앞에는 큼직한 비석들이 서 있다. 그러나 비석의 어느 면을 보아도 고인의 행적을 알 수가 없다. 고인이 어떻게 살았는지, 무엇을 어떻게 했는지, 그냥 소리 없이 살았는지 알 수가 없다. 보이는 것은 벼슬 이름이나 가계뿐이다.

가계는 영원히 이어져야 할 것이지만 벼슬이란 도대체 무엇인가? 사람들 중에는 인생의 목표를 오로지 사회적 지위에 두고, 그것에 매달리는 경우를 흔히 볼수 있다. 일단 직위를 얻고나면 그것을 마치 전리품으로 착각하고, 권력을 휘두르는 자들이 많다.

공금을 자기의 용돈보다 더 헤프게 쓰고, 공익을 위해 정말 써야 할 곳은 방치하고 만다. 뇌물을 먹고서도 자기는 마치 민주투사나 정치적인 희생양이 된 것처럼 뻔뻔스럽게 행세한다.

소시민들은 조금만 잘못해도 수사관 앞에서 고개를 숙이고, 얼굴을 가려 죽을 죄를 지은 듯 부끄러워하는데, 정치가나 고관들은 반성하는 기색도 없이 어깨를 펴고 목에 힘을 주며 턱을 높이 올려 더욱 당당한 태도를 보인다. 후안무치의 전형인 셈이다.

고관들의 비행은 세월 속에 묻히고, 그 무덤 앞의 비석에는 높은 벼슬 이름이 빛을 말한다. 후손들은 아무것도 모른 채, 조상들의 벼슬만 칭송한다. 자제할 줄 모르는 권력에 의해 백성들은 얼마나 시달려야 했는가.

나의 할머니는 조상들의 선행에 의해 후손들이 복을 받는다고 굳게 믿고 있었다. 할머니의 신조는 기회 있을 때마다 강조되었다.

권력이나 부는 당대에서 소멸하고 그것들에 의해 오히려 후손들이 멍에를 지는 경우를 자주 본다. 그렇다면 권력이나 부의 쟁취보다 이것들을 어떻게 쓰는가가 무엇보다 중요한 것이다.

사람은 가도 그의 선행은 이야기로 남아 우리의 고달픈 삶에 보람과 활력을 준다. 그러므로 그의 묘비명에도 한마디의 선행의 글을 담아 후손들로 하여금 기억하게 하는 것이 더욱 바람직할 것이다. 무명씨들의 선행이나 언행은 벼슬아치의 관직보다 훨씬 값진 것이다.

미안해하지 마라

30여 년 전 가을 어느 날 아침, 늦잠을 자고 있는 나를 아내가 황급히 깨우며 박 대통령이 서거했다고 한다. 그래도 나는 별로 놀라지 않았다. 당시 정세가 막다른 지경까지 가고 있다고 느끼고 있었으므로 어쩌면 올 것이 왔다고 생각하였다. 뒷동산에 올라 하늘을 보니 구름 사이로 파란 하늘이 언뜻언뜻 보이는 것이었다.

노무현 전 대통령이 서거한 것도 아내가 먼저 라디오로 듣고 알려주었다. 나는 놀랐다. 그렇게 갑작스럽게 돌아가실 이유가 없었다. 아무리 생각해 보아도 스스로 죽을 사람은 아니었다.

나는 신문을 구독하지 않는다. 거기에 매달리지도 물들지도 않으려고 한다. 어쩌다 일주일에 한두 번 교수 휴게실에 비치

되어 있는 신문을, 그것도 제목만 읽고 지나친다.

그런데, 노 대통령 서거 이후 나는 하루에 몇 시간씩 TV 앞을 떠나지 못했다. TV에 비추어지고 있는 화면은 시각이 다를 수 있겠지만 진실을 내보이고 있기 때문이다.

영정을 향해 끝없이 이어져 있는 행렬, 누가 경상도 사람인지, 누가 전라도 사람인지, 또 누가 충청도 사람인지 구분이 되지 않는다. 누가 보수주의자인지, 누가 진보주의자인지도 알 수 없다.

두 뺨 위에 흐르는 눈물은 동서도 노소도 없었다. 노무현 전 대통령의 눈물처럼 가식 없이 순수하게 티 없이 흘리고 있었다. 잊지 않고 간직하고 싶은 모습들이었다. 며칠이고 끊어지지 않고 이어지는 조문의 행렬 속에 나를 궁금하게 하는 것은 노 전 대통령의 유서 내용이었다. 그 내용 중에서도 유독 눈길을 끄는 것은 "미안해하지 마라."라는 짤막한 문장이었다.

어느 누군가 가까운 사람이 한없이 미안한 일을 한 것 같다. 그래서 그 일이 한동안 줄곧 그를 괴롭혔을 것이다. 게다가 밖에서는 그것을 포괄적 범죄로 그를 몰아붙이고…. 그리고 그는 미안해 말라며 오히려 가까운 사람을 위로하며 훌쩍 떠나갔다.

노무현 고백 에세이 ≪여보, 나 좀 도와줘≫를 보면, 곳곳에서 인간의 향기가 묻어난다. 그러면서도 솔직하고 공명정대한 이야기에 짙은 감동을 느끼게 한다. 쑥스러운 행동이나 이야기도 그 진정성으로 하여 희석되고 만다.

어느 정치인이 자기가 살아온 과정을 이렇게 숨김없이 꾸밈없이 진실 그대로 말할 수 있겠는가. 더구나 앞으로 험한 정치 행로가 가로놓여 있는 상황에서 자기를 그대로 드러내 보이는 글을 쓸 수 있었겠는가.

그런데 가족에 관한 이야기는 소박한 표현에도 불구하고 행간에서 한없는 깊은 사랑을 읽을 수 있다. 젊은 시절, "매일같이 만나기만 하면 싸우면서도 물불 안 가리고 좋아했던" 연애하던 이야기, "생김새도 목소리도 심지어 한일자 주름살까지도" 자기를 닮은 자식들의 이야기 속에서 바다와 같은 부정父情을 느낄 수 있다.

지금까지 여러 정권에서, 비리에 연루된 고급관리들이 하는 상투적인 말은 "나는 몰랐네."였다. 몰랐으므로 책임을 질 이유도 없었다. 그리하여 법망을 교묘히 피하거나 가족 중의 누군가가 책임을 지게 되었다. 이것을 방지하기 위하여 "포괄적 뇌물죄"란 죄가 판례로 만들어진 것이다.

그런데 우리가 사랑하고 믿는 노무현 전 대통령은 정말로 몰랐던 것이다. 그가 알았다면 그것을 그냥 묻혀둘 턱이 없다. 역대 다른 어떤 대통령과도 달리 고향에서 소박한 농부의 꿈을 꾸며, 손수 감나무를 심고 씨를 뿌리는 그에게 무슨 대단한 물욕이 있었단 말인가.

그러나 우리가 아끼고 존경하는 노 전 대통령은 다른 길을 선택하였다. 가까운 사람들이 부지불식간에 저지른 일을 자기가 모두 안고 가기로 결심하였다. 그렇게 다짐받고, 또 다짐받아, 한 점 부끄러움 없이 여생을 지내려고 노력했지만, 일은 저질러지고 말았다. 그 원인도 끝까지 따지고 보면 결국 자기에게 돌아갈 수밖에 없다.

그동안 자기를 위하여 온갖 고생을 마다하지 않는 친지와 가족들에게 마지막으로 은혜를 갚으려고 한다. 그러니 미안해하지 마라.

모자란 정치인들은 노 전 대통령의 죽음을 "무리한 승부수"라고 하였다. 그러나 죽음은 게임이 아니다. 자기응징이다. 죽음조차도 게임이라고 간주하는 자들에게는 진정성은 찾을 수 없다.

자기와 관련된 실책을 죽음으로 자책한 노 전 대통령은 정치인으로서가 아니라 한 인간으로서 사람답게 사는 길이 무엇인가를 그를 흠모하는 모든 이들에게 보여주고 있다.

유신의 추억

이제는 나이도 들고 몸도 쇠약해져 지난날의 추억들이 아득히 멀어져 가지만, 박정권에 의한 유신독재는 잊히지 않는 추억이 되고 있다.

나는 이십대와 삼십대를 폭압적인 박정권 밑에서 숨죽이며 보냈다. 대학생일 때에는 반항도 하였다. 1965년 한 · 일 국교정상화 당시 대일 저자세를 반대하며 데모와 함께 단식투쟁도 하였다.

오늘날에 와서 밝혀진 바와 같이 성노예나, 원폭피해자와 같은 문제가 협상과정에서는 언급조차 없이 지나갔는데, 당시 그것을 알았다면 더 강렬하게 저항했을 것이다. 잘못 맺어진 조약이 후세에 어떤 영향을 끼치는가는 오늘날의 한 · 일 관계를 보면 알 수 있다.

대학을 졸업하고, 병역의 의무를 다하면서도 좀 더 보람있는 군생활을 하고 싶어 해병대 장교가 되었다. 유능하지는 못했지만 국가의 명령에 죽고 사는 군인이 되고 있었다. 그래서 명에 의해 베트남전에도 참전하였다.

1969년 9월, 3선 개헌안이 야당의 반대에도 불구하고 국회에서 날치기로 통과되었다. 남은 것은 국민투표로 그것을 가결시키는 일이었다. 당시 나는 해병사단 예하 대대에서 인사장교를 맡고 있었다.

대대의 사병들이 영내에서 부재자 투표를 할 수 있도록 사무를 처리하는 임무가 인사장교에게 부여되어 있었다. 열흘동안 중대 행정병들을 도닥거리며 노력한 결과, 모든 사병들이 빠짐없이 투표를 할 수 있게 되었다.

투표 전날, 대대장은 사무실에 투표소를 함께 설치하며 깊은 관심을 표명하였다. 투표소는 누구도 볼 수 없게 천으로 잘 가려져 비밀투표를 할 수 있게 되어 있었다.

그날 저녁, 대대장은 사단 본부에서 급한 회의가 있다고 하여 올라갔고, 나는 모든 투표준비가 끝난 것을 확인하고 퇴근하였다.

이튿날 출근하였을 때, 대대 본부의 분위기가 사뭇 굳어 있었다. 대대장은 내가 회의가 끝날 때까지 자기를 기다리지 않고 퇴근하였다고 난리였다. 우람한 체격에 억센 주먹이 금방 내 얼굴로 날아올 것 같았다.

어저께 아담하게 설치된 투표소는 간 곳이 없고, 탁자 위에 투표함만이 덩그러니 놓여 있었다. 안락의자에는 중대장이 앉아, 그가 보는 앞에서 찬반투표를 하고 투표함에 넣게 되어 있었다.

대대장은 중대장들을 집합시켜 놓고, 사단 본부에서 참모들이 투표 독려차 내려올지 모르니 항상 대기하고 있을 것을 명하였다. 덧붙여 그는 "국가의 녹을 먹는 자는 각하의 뜻을 따라야 한다."라고 힘주어 말했다.

그날도 아무 탈 없이 평온하게 지나갔다. 다만 해병들 중에는 중대장을 등지고 서서 투표하고, 그것을 접어 투표함에 넣는 용감한 자들도 있었다. 중대장은 그것까지 보겠다고 할 수가 없었다.

대대장은 어제 회의에서 절대 다수의 찬성표가 나오도록 하라는 명을 받았을 것이고, 그가 나에게 공연히 화를 낸 것은 공포 분위기를 자아내고자 한 의도였다. 나는 망연자실할 수밖에 없었다.

박 정권은 역사의 교훈도 잊고 있었다. 이승만 정권이 '사사오입개헌'으로 종신집권을 도모하다가 4·19혁명으로 붕괴된 것이 그리 오래되지 않았다. 권력욕은 역사의 교훈마저 짓밟고 지나갔다. 권력욕의 화신은 막장까지 가서야 끝나게 되어 있었다.

5년 6개월 만에 겨우 군복무를 마치고, 대학원에서 학업을 계속하였다. 고향 제주에서는 아내가 어린것들을 데리고 근근이 생계를 이어가고 있었다.

대학원에 복학한 후, 전공과목을 법철학에서 상법으로 바꾸었다. 법철학은 정당한 법질서를 어떻게 형성할 것인가가 아주 중요한 실천적 과제인데, 점점 독재화의 강도를 더해가는 박정권 치하에서 그것을 추구하는 것이 바람직한 일인가에 대하여 회의를 느꼈기 때문이다.

1972년 10월 27일, 오지 말아야 할 것이 드디어 오고 말았다. 유신이란 괴물이 드높은 헌법의 옷을 입고 나타났다. 천지가 싸늘하게 얼어붙었다. 나는 아직도 쓸쓸하고, 씁쓸하고, 소름이 끼치던 그날을 기억하고 있다.

유신헌법은 긴급조치를 통해 그 마각을 드러내었다. 터무니없이 뻔뻔스럽고 강력한 긴급조치에 의해 유신헌법에 대하여 입만 잘못 놀려도 15년 이하의 징역에 처해질 것을 각오해야 했다. 생각을 해서도 안 되었다. 너무 골똘히 생각하다가는 자신도 모르게 비판적인 말이 튀어나오게 마련이었다.

긴급조치는 법이라고 할 수 없다. 꼭 이름을 붙인다면 정글의 법칙(the law of the jungle)이라 할 수 있다. 이 법칙이 통용되는 사회에 있어서는 구성원은 눈치가 빠르고 수장의 비위를 잘 맞추어야 한다. 게다가 수장의 변덕에도 잘 대비를 해야 생명을 부지할 수 있다.

유신시절에 나는 연구실과 집, 그리고 바닷가에서 주로 시간을 보냈다. 있는 듯 없는 듯 소리 없이 보냈다. 그래서 해코지를 당하지 않았다. 강의할 과목내용도 유신을 들먹거릴 필요가 없어서 좋았다. 그래도 '사법살인'에 의해 꽃다운 생명들을 빼앗긴 인혁당사건의 희생자들에게 동병상련의 아픔을 느꼈다. 그들에게 빚을 지고 있다고 밖에는 다른 생각을 할 수 없었다. 그들이 아니었다면, 또 다른 이들이 본보기로 희생되었을 것이다.

전태일의 살신성인, 유신에 당당히 맞서 싸웠던 장준하 선생, 이러한 분들의 부단한 용기에 힘입어 인권은 되살아날 수 있었던 것이다.

역사는 방치해서는 안 된다. 바로 세우고 정리해야 한다. 바로 세운 역사를 통해 배워야 밝은 미래를 기약할 수 있다. 올바로 세우지 못한 역사는 그 모습대로 재연될 여지가 많다.

유신의 망령이여, 이제는 깨끗이 정리되어 불가피하게 사라져야겠다. 그렇지 않으면, 그 잔학성이 우리의 잠재의식에 남아 어느 순간에 반대자나 사회적 약자에게 발호될는지 모르기 때문이다.

금강산의 메아리

우리 중대는 베트콩을 사로잡기 위하여 무성한 정글 속에서 몇 시간 동안을 매복하고 있었다. 200m 전방에는 약간의 개활지가 있었고, 그 개활지가 끝나는 곳에는 적들이 자주 출몰하는 소롯길이 건너편 숲에 이어져 있었다.

갑자기 우리 해병 한 병사가 일어서면서 고함을 쳤다. 바로 소롯길에서 칠팔 명의 베트콩들이 나타난 것이다. 멈추라는 신호에 그들은 난사로 응전하면서 건너편 숲으로 도망쳤다.

한바탕 교전이 끝난 후 개활지에는 5명의 베트콩 시체들이 널브러져 있었다. 생포한 것은 어린 남매와 그들의 어머니로 보이는 젊은 여자였다.

어린 소년은 8살 정도로 한쪽 엉덩이에 총알이 스쳐 달걀 크기의 살점이 떨어져 나가 있었다. 공포에 찬 그 가련한 눈초리, 죽어가는 사슴의 눈초리도 이처럼 불쌍하지는 않았으리라.

나는 우리 집 셋째 놈이 천진스러운 개구쟁이짓을 할 때에는 그 베트남 소년이 생각나서 움찔할 때가 있다. 전쟁은 그 명분이 무엇이든 많은 죄악을 저지르게 마련이다. 이 전쟁이 빚어낸 죄악을 바로 그 소년의 죄 없는 공포에 찬 눈에서 보았다.

전쟁터에서 전사戰士가 죽는 것은 어쩌면 당연한 것일 수 있다. 그 비장감은 미로 승화되기도 한다. 그러나 우리의 천진한 아들딸들이 전쟁터에서 가뭇없이 죽어간다고 생각해 보라. 우리가 한 번 죽는 것이 아니라면, 수백 번 죽을 때까지 싸워서 그들을 지켜야 할 것이다.

후손들로 하여금 천명을 누리게 하고, 그 보람된 삶을 영위하게 하는 것은 당대의 사명이다. 따라서 그 무엇을 주고도 바꿀 수 없는 지상 명령은 평화의 유지인 것이다.

전쟁을 경험한 자는 전쟁을 결코 원하지 않는다. 국민을 진실로 사랑하는 자는 국민을 전쟁의 죽음터로 내몰지 않는다.

온갖 장애를 무릅쓰고, 한없는 인내를 가지고 평화를 지키려고 하는 자, 우리 모두의 사랑하는 아들딸들을 죽음으로 몰아서는 안 된다는 비장한 신념을 가진 자야말로 진정한 지도자이며, 또 애국자라고 할 수 있다.

유사 이래 많은 영웅이 있었지만, 그 영웅이 전쟁도발자였던 경우라면 그 자는 영웅이 아니다. 전쟁을 스포츠로 생각하는 자는 대량학살자이지 영웅이 아닌 것이다.

전쟁을 억제하고, 긴장을 완화하며, 민족의 영구한 삶을 보장하기 위해 우리는 항상 끊임없이 간절한 평화의 전언을 북한 하늘에 보낼 필요가 있다.

북한의 산천은 이 평화의 전언에 메아리쳐 온다. 북한의 어느 산 앞에 가서라도 '같이 놀자.', '이야기해 보자' 하고 외쳐 보라. 그 어느 산도 똑같이 메아리쳐 올 것이다. 금강산 기슭에서 '보고 싶었다.'고 외쳐 보아라. 그러면 금강산 1만2천봉이 다 같이 '보고 싶었다.'고 대답하리라.

송나라의 서긍徐兢은 고려에 사신으로 왔다가 금강산을 구경하게 된 것을 그의 생애에 최상의 영광이 되었다고 쓰고 있다. 그 금강산이 저기에 보이고, 1만2천봉이 메아리쳐 손짓하는데, 우리는 언제까지 냉가슴만 앓아야 하는가.

순수한 마음으로 금강산을 보고 싶다. 맑고 고요한 심경으로 금강산을 우러러 보고 싶다. 공연히 신이나 수령과 연관지어 감탄하지 말자. 오로지 명경지수로 쳐다보고 있으면 자연이 바로 보이고, 온전한 정신이 되어, 그대와 나는 통하는 바가 있을 것이다. 그때에 들려오는 소리가 있다. 그것은 평화의 소리이다.

그 어떤 이데올로기도 금강산의 절승을 가릴 수는 없는 것이다.

백담사 가는 길

백담사는 한 번만이라도 꼭 가고 싶었다. 거기서 만해 한용운의 숨결과 체취를 느끼고 싶었다. 인제군 용대리에서 백담사 전용 버스를 탔을 때는 한낮의 더위가 조금은 사그라지고 있었지만 여전히 더웠다. 재수가 좋은지 창가에 앉아 바깥에서 전개되는 경치를 한눈에 볼 수 있었다.

버스는 구불구불한 산비탈을 따라 천천히 오르고 있었다. 백담계곡은 처음에는 바로 눈 아래에 있더니 차가 산비탈을 올라감에 따라 차차 깊어져 나중에는 내려다보는 것만으로도 아찔한 느낌을 주었다. 산을 오를수록 계곡은 깊어만 갔다.

산은 하늘을 가리고 있었다. 산이 하늘이 되어 갔다. 오금이 저리도록 겸손하지 않으면 금방 산이 덮칠 것 같았다.

계곡에서 흐르는 물은 높이 오를수록 맑아져만 갔다. 바닥에 깔려있는 돌멩이들이 헤아릴 수 있을 정도로 맑았다. 산새도 볼 생각이 없었다. 야생화도 눈여겨보지 않았다. 보이는 것은 오로지 드높은 산과 아득히 깊은 계곡과 맑디맑은 물이었다. 생전에 볼 수 없었던 선경이 전개되고 있었다.

만해 한용운은 평생 백담계곡을 오르내리며 이 선계를 품었다. 가슴에 담았다. 그래서 그의 기상은 저 산처럼 드높았고, 그의 생각은 저 계곡처럼 깊었고, 그의 마음은 저기 흐르는 물처럼 맑았다.

어떤 사람은 일 년간을 백담사에 살면서 계곡을 오르내려도 산새 소리만 쓸쓸하게 들릴 뿐 속세에 두고 온 물욕과 권세욕을 떨쳐 버릴 수가 없는 모양이다.

만해의 드높은 기상과 행동은 그의 독립의지에서 나타난다. 3·1독립선언 후, 법정에서 재판장에게 "조선인이 조선민족을 위해 스스로 독립운동을 하는 것이 마땅한 노릇인데 일본인이 어찌 감히 재판을 하려고 하느냐?" 호령한다. 그리고 "육신이 다하면 정신만이라도 남아 독립운동을 할 것이다."라고 당당히 선언한다.

옥중에서 쓴 〈조선독립에 대한 감상의 개요〉에서 독립이유에 대한 깊은 생각을 읽을 수 있다.

"자유는 만유의 행복이요, 평화는 인생의 행복이다. ---압박을 당하는 사람의 주위는 뎜으로 바뀌고, 쟁탈을 일삼는 자의 주위는 지옥이 되는 것이니,

—자유를 위해서는 생명을 터럭처럼 여기고, 평화를 지키기 위해서는 희생을 달게 받는 것이다. 이것은 인생의 권리인 동시에 또한 의무이기도 하다.

자유와 평화는 전 인류의 요구인 것이다."

만해의 생각은 동·서양을 막론한 인류의 지고한 사상을 집약한 것이라고 할 수 있다. 사상이 다하면 지혜가 되는 것일까. 만해의 사상은 어쩌면 인류가 수천 년에 걸쳐, 불행을 겪으면서 얻어진 지혜라고 할 수 있다.

만해는 3·1독립선언 후, 육당 최남선을 비롯한 저명인사들의 변절에 대하여 다시는 상면하지 말자고 질타한다. 스스로의 양심이 백담계곡의 물처럼 맑지 않았다면 추상같은 호령도 나오지 않았을 것이다.

간악한 일제 치하에서도 만해와 같은 드높은 기상이 있어 우리에게 한없는 자부심과 긍지를 준다.

만해의 독립정신과 심오한 사상은 맑고 깊은 백담계곡과 함께 살아 있을 것이다.

이 땅에 태어난 죄

사업을 접어두고 여행이나 하면서 소일하던 친구가 '소녀상'을 보러 가자고 한다. 그에게서 새삼스러움을 느끼면서 쫓아갔다.

소녀상은 탐라도서관 바로 곁에 있는 소공원에 자리하고 있었다. 이제 소녀상을 제주시에서도 볼 수 있게 되었다. 성금을 모아 소녀상을 조성한 학생 및 시민단체에게 깊은 감사를 보내고 싶다.

소녀는 주먹을 꼭 쥐고, 입은 굳게 다물어 울음을 참으면서 먼 곳을 응시하고 있다.

그림자가 길게 드리운 것으로 보아, 저녁이 가까워지고 있다. 전생에 무슨 팔자를 타고났길래 이 지경이 되었느냐고 속으로 절규하고 있는 것 같다.

아무것도 모르는 채 끌려간 일본군명 강제 위안부 피해자는

8만 명에서 최대 20만을 헤아린다. 이중 정부에 등록된 피해자는 238명에 불과한데, 이들만 생사가 분명하고, 나머지는 가뭇없이 사라져버린 것이다.

자기의 과거를 밝혀 드러내는 일이 얼마나 힘들었을까. 진실을 밝히는 용기가 자기를 위한 것이 아니었으므로 비로소 가능했다.

천신만고 끝에 돌아온 조국, 그럼에도 불구하고 쥐 죽은 듯이 살아야 하는 처지에서, 자기를 드러내야 하다니, 완전히 산송장이 될 각오가 되어 있지 않으면 안 되었을 것이다.

할머니들이 자기가 위안부였다는 사실을 밝히는 것 이상의 증거가 필요할까? 죽음을 담보로 하여 밝히는 증언에 대하여 한사코 그 강제성을 부인하는 일본 정부의 철면피를 증오한다.

강일출 할머니는 15세 때 중국 목단(무단)강 위안소에서 2년을 보내던 중에 장티푸스에 걸렸다. 일본군은 이 병에 걸린 위안부들을 산속으로 끌고 갔다. 구덩이에 밀어 넣고, 휘발유를 뿌려 불을 붙였다. 제일 나중에 던져진 할머니는 독립군의 도움으로 기적과 같이 탈출하였다.

김복동 할머니는 14세부터 5년간 위안부가 되어, 광둥 · 홍콩 · 싱가포르 · 인도네시아 등지로 끌려 다녔다. 해방 뒤에 만난 남편도 죽고, 어머니도 돌아가시면서 혼자 가게를 꾸렸다. 후유증으로 자식도 없었다.

정신대에 신고하지 말라는 언니의 권고를 뿌리치고 결국 신고를 했더니, 언니도 조카들도 발길을 끊었다. 신고의 대가는 한없는 외로움이었다.

할머니들은 귀향歸鄕이 아니라, 심신이 갈기갈기 찢겨져, 귀신이 되어 돌아온 '鬼鄕'이 되었다. 그 어디에도 하소연하지 못하고, 숨죽여 아무 일 없었다는 듯이 살아야 했다.

순진무구한 십대 소녀들에게 죄가 있다면, 그것은 이 땅에 태어난 죄밖에 없었다. 이 땅에 태어난 우리는 그들을 지키지 못한 죄에서 벗어 날 수가 없다. 이 땅의 위정자들은 수백 년 동안 여자들의 순결은 강조하면서도 그것을 제대로 지켜주지 못한 위선자들이었던 것이다.

소녀는 입술을 깨물고 침묵으로 외친다. 앞으로는 한사코 외침을 막아내라고. 소녀들의 지옥 같았던 삶을 잊지 말아달라고 애원한다.

소녀들의 몸과 마음을 만신창이로, 돌이킬 수 없이 불가역적으로 만들어 놓고, '불가역'하자니 무슨 개뿔 같은 소리냐고 아베와 그 일당들에게 반문한다.

우리는 언제나 소녀상 곁에서 그녀들을 기억하며 '불가역'을 지우고 되새김할 것이다. 그것은 정부간의 문제가 아니라 인류의 보편적인 인권에 관한 문제이기 때문이다.

소녀상은 평화의 상징이다. 전쟁을 겪은 사람은 평화가 얼마나 지고한 가치인가를 안다. 이것이 만난을 무릅쓰고 소녀상을 지켜야 하는 이유이다.

백제인의 미소

작년 5월 신록이 짙어갈 무렵, 가족과 함께 충남 태안 해안 국립공원을 돌아볼 기회가 있었다.

태안은 일부러 그곳을 목표로 하지 않으면 가기 힘든 곳인데, 마침 가까운 인척이 거기에서 펜션업을 하고 있어서 가보고 싶었다.

첫날은 예기치 않게 태안 마애삼존불입상을 보게 되었다. 이 삼존불은 태안면 동문리에 있는 백화산白華山 정상 바로 못 미처 큰 바위에 새겨져 있다.

입구에 큰 간판이 세워져 있었지만 안내인이 없어 찾는 데 다소 애를 먹었다. 이 삼존불은 중앙에 보살이 있고, 여래입상이 좌우에 서 있는 특이한 형식을 취하고 있다. 보통은 가운데 본존 여래가 있고, 좌우에서 보살이 모시는 일반적인 형식과는 다른 것이다.

천천히 입상들의 존안尊顔을 우러러보았다. 그런데 이게 웬 일인가? 오랜 세월 찾는 이 없어, 졸고 있다가, 인기척에 놀라 그제야 눈을 비비며 깨는 모습을 하고 있다. 좀더 찬찬히 얼굴을 보았다. 부처들의 귀와 코가 망가져 있다. 아마도 아들을 원하거나 병을 치료하는 데 사용한 것 같다. 언짢은 마음으로 내려왔다. 불상 본래의 모습을 볼 수 없으니 불상을 조성한 사람들의 마음조차 제대로 짐작할 수 없었다. 불상에는 조성자들이 드높은 이상이 은연중 드러나기 때문이다.

서산 용현리 마애여래삼존상은 오는 날 아침에야 볼 수 있었다. 비가 추적추적 내리고 있었다. 미끄러지지 않게 조심하면서 돌길을 한참 올라갔다. 사찰을 지나자, 위에서 목탁 소리가 들렸다.

스님이 서서 목탁을 치고 있는데, 그 어깨너머 절벽 바위에서 삼존불이 웃고 있다. 중앙에 현세불을 의미하는 여래입상, 좌측에 과거불을 의미하는 제화갈라보살입상, 우측에 미래불을 의미하는 반가사유상이 삼세불三世佛로 조각되어 있다.

여래입상은 둥글고 풍만한 모양에 반원형의 눈썹, 얇고 넓은 코, 살구씨 모양의 눈을 크게 뜨고, 환하게 웃고 있다. 유쾌하면서도 자비롭게, 그러면서도 허허로운 모습을 보이고 있다.

제화갈라보살은 눈과 입을 통하여 만면에 미소를 띠고 있고, 미륵반가사유상은 왼쪽다리 위에 오른쪽 다리를 올리고 왼

손으로 발목을 잡고 있는 전형적인 반가사유상으로 천진난만한 어린아이의 미소를 띠고 있다.

삼존상의 얼굴 가득한 자애로운 미소가 가랑비 내리는 흐린 날씨를 무색하게 하고 있다. 대지를 촉촉이 적시는 이 가랑비가 삼존불의 미소에 응답하고 있는 것 이다. 이 미소에서 당시 백제인의 온화하면서도 낭만적인 기질을 엿볼 수 있는데, '백제인의 미소' 로 잘 알려져 있다. 백제인들은 참으로 낙천적인 품성을 지니고 있었던 것 같다.

좀 더 오래 보고 싶은 마음을 달래면서 돌아오는 길에 나는 불현듯 석굴암 본존불을 떠올렸다. 석굴암에는 세계 고대인들이 추구했던 이상적인 인간상으로서 절대자의 세계가 완벽하게 구현되어 있다. 천년하고도 200년이 지난 지금도 석굴 앞에 서면 숨막히는 감동과 전율로 오직 침묵 속에 올리는 찬미만이 가능하다. 이 엄숙한 본존불의 모습을 보면, 자신도 모르게 우러나오는 극도의 외경으로 숨을 멈추게 한다.

그런데 어쩐 일인지 이 삼존불에는 엄숙함은 털끝만큼도 없고, 오직 자애롭고 평화스럽고, 허허스러운 미소만이 가득하다. 그러면서도 웃으면서 이렇게 말하고 있는 것 같았다.

'괴로워하지 마라. 슬퍼하지 마라. 일순간도 헛되이 살지 마라.'

석굴암에서 고심하다가 여기에 와서 활짝 웃고 있는 것일까.

5부

제주의 겨울바람

제주의 겨울은 세찬 하늬바람과 함께 온다. 제주의 어느 계절이건 바람이 자는 때는 드물지만, 특히 겨울바람은 자연의 힘찬 숨결을 실감하게 한다. 살을 에는 듯한 차가운 바람은 아닐지라도 꼿꼿이 걸을 수 없게 몰아치는 강풍임에는 틀림이 없다. 그래서 때로는 옷깃을 여미며 다소곳이 걸어야 할 때도 있다.

그러나 바람이 없다면 제주의 겨울은 무의미하다. 영하의 기온으로 떨어지는 경우란 거의 없는 날씨에, 바람이 없다면 겨울이란 계절도 별로 느낄 수가 없기 때문이다. 한라산 봉우리에 하얗게 눈이 쌓여도 해변에서 볼 때는 산의 아름다움만을 더해 줄 뿐이다.

제주도의 탄생 이래 그 자연과 인간은 이 바람에 맞서, 그것을 먹고 마시면서 살아왔다.

다공질 현무암의 밭담, 그 베롱 베롱한 담구멍은 세찬 바람을 들이켜면서 여과시켜, 결코 허물어지는 일이 없다. 땅속 깊이 뿌리를 드리운 억새는 그 사나운 바람에 씨알은 날릴지라도 결코 꺾이거나 부서지지 않는다. 차라리 바람을 타고 춤을 추고 싶어한다. 그뿐만이 아니다. 해변의 벼랑 위에 붙어있는 해송海松은 바람을 통해서만 그 기운찬 미를 발산하게 되는 것이다. 바람이 세차게 부는 날, 소나무 밑을 거닐어 보라. 솔잎새로 스며 나오는 자연의 힘찬 숨결을 만끽하게 될 것이다.

온갖 풍상을 겪어온 할머니의 굵은 주름살에서 우리는 또 제주의 겨울바람을 읽는다. 그 거친 피부에서 하늬바람이 얼마나 드센가를 안다. 참으로 '바람을 밥으로 먹고' 살아온 것이 제주의 인간이다. 제주의 아이들도 역시 바람을 먹고 이겨낼 인간인 것이다

숱한 자연의 바람과 인간의 바람이 이 섬을 쓸고 갔어도 제주는 아직도 의연하다. 왜 그럴까? 제주의 바람이 아무리 강하게 불어도, 오히려 그것은 삶의 의지를 불태우게 하는 자극제가 되어 왔기 때문이다. 봄날과 같은 날씨를 고맙게 느끼게 하는 자극제이기도 하고, 바람과 싸워야 하는 긴장을 주는 자극제이기도 하다.

제주의 고유한 문화의 미는 역시 바람에서 비롯한다고 할 수 있겠다. 그렇지 않다면, 누구에게나 상찬되고 있는 초가집

의 미학을 무엇이라고 설명하겠는가. 겨울바다의 강파强波가 금방 게딱지 같은 어촌을 삼킬 듯이 으르렁거려도, 이 초가집들은 평화스럽고 고요하기만 하다. 이 대비의 미는 제주의 겨울바람 속에만 만끽할 수 있다.

제주의 겨울바람은 섬사람들의 나태를 경고하는 청량제이기도 하다. 처마밑에서 울어대는 바람소리는 필경엔 늦잠을 깨우고 마는 것이다.

그리하여 제주인은 온몸으로 받는 바람을 통하여 그의 실존을 확인한다. 그러므로 겨울바람이 없는 제주의 겨울이란 무의미한 것이다.

자연과의 윤리

베트남의 모기는 몹시도 사나웠다. 모기 입술의 가늘고 긴 관이 담요까지 뚫는다는 말은 과장된 이야기이지만, 작업복 따위는 쉽게 뚫어 피를 빨아들인다. 그래서 우리는 얼굴은 물론 옷에까지 모기약을 발라야 밤을 지새울 수 있었다. 베트남의 매복 작전은 이 지독한 모기들과 폭포처럼 쏟아지는 잠과 언제 닥쳐올지 모르는 베트콩과의 싸움이었다.

하와이의 모기는 대낮에도 달려든다. 한번은 하와이 대학소유의 자연식물원에 유학생의 안내를 받아 간 적이 있는데, 반바지를 입은 그 학생의 종아리에 모기들이 새까맣게 몰려들었다. 식물원을 다 구경한 후에 이 학생의 종아리는 모기가 문 두드러기로 붉게 물들어 있었다.

제주의 모기도 요새 와서 더욱 기승을 부리고 있는 것 같다.

따뜻해지는 날씨 때문인지 겨울에도 살아 남아 단잠을 깨우곤 한다. 얼른 생각하면 이런 해충들을 단숨에 박멸하고 싶어진다. 그러나 이런 경우에 생각나는 어느 고승高僧의 일화가 있다.

그 고승은 이 세상의 모든 생물은 다 살 권리가 있다고 믿는다. 그래서 모기에게까지 그의 자비심은 미치고 있다. 그 스님도 편안한 잠을 위해서 모기장만은 사용했다. 그렇게 되면 모기들이 굶을 염려가 있었으므로 잠들기 전 얼마 동안 팔뚝을 모기장 밖으로 내밀어 모기들의 식사를 마련했던 것이다. 여기서 우리는 인간과 자연과의 윤리倫理의 극치를 본다. 인간은 이 지구상에 출현한 이래 오늘까지 자연에 대하여 시종일관 인간 중심적인 태도를 취하여 왔다고 해도 과언은 아니다. 오늘날 세계적으로 지지를 얻고 있는 자연보전(conservation)이란 말 속에서도 '인간을 위한' 자원보호라는 사상이 잠재하고 있다고 할 것이다.

자연에 대한 인간중심적 사상이 허물어지고 있는 것이 현대의 상황이다. 인간 역시 자연 속의 일원에 지나지 않는다는 자각, 생태학적 인간으로서의 인식, 자연 앞에 요구되는 겸허한 태도 등이 1970년대 이후 인류에게 주어진 최대 명제이다.

자연계의 하나의 생물로서 생태학적으로 인간을 파악할 때, 사실 인간은 수목의 기생충이다. 기생해야 할 숙주가 없게 되었을 때의 인간의 운명이 어떻게 될 것인가는 자명하다.

이러한 관계는 단지 인간만의 문제는 아니다. 자연계의 모든 것은 지극히 오묘한 상호 관계의 균형을 유지함으로써 비로소 생존할 수 있는 것이다.

인간도 자연의 일원인 이상, 자연 속에서 필요한 것을 취하지 않으면 안 된다. 따라서 자연에 대한 인간의 윤리는 자연으로부터 꼭 필요한 최소한의 것을 취하되, 취하지 않아도 해결되는 것은 그대로 두며, 취할 때는 다른 생명을 위협하거나 자연을 오염시켜서는 안 된다는 것, 자연의 개발도 환경의 자연을 필요 이상으로 파괴되지 않게 한다는 태도이다. 잘못하여 파괴했을 때에는 책임을 지고 그 자연을 회복하여야 하는 것이다. 이렇게 볼 때, 자연과 윤리를 기조로 하는 자연보호헌장自然保護憲章은 자연에 대한 인간의 구체적은 행동을 윤리학적으로 결정하게 된다. 1978년에 제정된 우리나라의 이 헌장은 자연에 대한 인간의 윤리가 다소 보이나 우리가 일상적으로 부딪히게 되는 구체적인 행동윤리가 없다.

다음의 몇 가지는 항상 염두에 두고 자연에 대한 윤리를 지키는 것이 어떨까.

첫째, 작물이나 잔디를 키우기 위해서 잡초나 병충해를 없애는 것은 허용되지만 죄 없는 다른 곤충까지 죽여서는 안 된다.

둘째, 자연이 개발되어 도로나 건물이 만들어질 때 그 부지가 되는 자연의 파괴는 허용되나, 이것에 의해 그 주위의 자연까지 파괴해서는 안 된다.

셋째, 단지 심심풀이를 위해 동식물을 남획해서는 안 된다. 특히 배고픔을 면하기 위한 것이 아닌, 레크리에이션을 위한 낚시는 절제돼야 한다. 물고기가 낚시에 매달려, 단말마의 몸부림에 의한 반응을 즐기는 심정처럼 냉혹하고 비정한 것은 없기 때문이다.

살아있는 경관

오월 초순의 어느 이른 아침, 나는 옛 전우들과 함께 택시를 타고 제주시 한림읍을 지나고 있었다. 그때 바다에 떠 있는 듯한 비양도가 나의 시야로 들어왔다.

섬은 온통 유채꽃으로 뒤덮여, 섬 전체가 하나의 '꽃섬'이 되어 있었다. 언제 보아도 정을 주는 섬이었지만 저처럼 아름다운 모습은 처음 보았다. 무디었던 정서가 활짝 열려, 그 섬이 나의 시야에서 사라질 때까지 그저 응시만 하고 있었을 뿐, 아무 소리도 못하고 말았다.

하얀 모래사장 너머로 호수 같이 잔잔한 바다 위에 조용히 떠 있는 비양도, 그것은 모래사장과 푸른 바다와 노란 유채꽃이 어울려 더할 수 없이 평화롭고 따뜻한 정감을 자아내고 있었다. 그러나 그것은 정물靜物이 아닌 살아 있는 경관이었다.

저 꽃들이 단지 관광객들에게 보여주기 위해서 일부러 심어졌다면, 이렇게 큰 감동을 주지는 못하였으리라. 주민들이 소득을 위하여 심어 놓았기 때문에 그것이 오히려 우리로 하여금 더욱 탄상하게 하는 것이다.

경관, 그것은 인공적이든 자연적이든, 그것을 보는 사람의 마음에 따라 살아있는 경관이 되기도 하고, 무의미한 경관이 되기도 한다. 그 경관이 관찰자에게 살아 있음을 느끼게 했을 때에만 그것은 의미가 있고, 또 큰 감흥을 주게 된다. 그리하여 살아있는 경관은 우리에게 생생하게 다가와 우리의 마음을 움직이고, 세척하여 생을 살찌우게 하는 것이다.

그런데 이렇게 살아있는 경관을 있는 그대로 감동하지 못하고, 그것이 화폐와 관련이 있을 때에만 가치가 있는 것처럼 착각하는 사람들이 있다. 마치 어떤 그림에 대하여 호가呼價되는 가격에 의하여 그 가치를 결정하려 들듯이, 경관도 그것에 의해 돈이 많이 챙길 수 있다고 확신될 때에만 비로소 가치가 있다고 생각하는 자들이 있다는 것이다. '개발'이란 이름이 그것을 정당화시킨다.

자연 그대로의 경관은 아무 쓸모도 없고, 그것에 의해서 돈이 떨어져야만 경관은 의미를 갖는다고 생각하는 자들 때문에 아름다운 경관이 많은 피해를 당하고 있는 것이다. 의연하고 장엄하게 서 있는 산바로 앞에 초등학교 신축교사와 같은 호텔을 지은 것이 바로 그 대표적인 예가 될 것이다. 한라산 경승지에 케이블카를 설치하자는 발상도 이와 무관한 것은 아니다.

눈으로 보면서 마음으로 감동하는 것과 몸을 움직여 행동 속에서 즐거움을 찾는 것과는 본질적인 차이가 있다. 전자가 관조觀照의 세계라면, 후자는 놀이의 세계라고 할 수 있다. 이 두 가지가 함께 우리의 정서를 위하여 필요한 것이지만, 그러나 관조의 대상이 되는 것과 놀이터는 구별되어야 한다. 구별하지 못하는 자는 관조되어야 할 곳에 놀이터를 만든다. 그래서 놀이도 신통하지 못하고 관조하는 것은 더욱 어렵게 한다. 그뿐만 아니라 관조하는 곳도, 자연 그대로가 아니라, 인공적인 냄새가 도처에 풍기고 있어야 어딘가 마음이 후련해지고 만족해 한다. 한마디로 이들은 경관을 보는 눈이 없다고 할 것이다. 이 맹목적이고 저돌적인 자들에 의해 경관은 속수무책으로 당하고 있어야만 하는 운명에 처해 있는 것이다.

제주도에는 아직도 우리의 정서를 순화시켜 줄 수 있는 경관들이 있다. 해변가의 초가집, 이끼 낀 돌담으로 에워싸인 전원田園, 파도 일렁이는 바다로 뛰어드는 해녀들, 이러한 풍경은 우리로 하여금 원초적인 고향을 느끼게 한다. 그러나 이러한 경관들은 앞으로 다른 것으로 대체되어 갈 것이다. 극단적으로 말하면, 제주 주민들은 제주에서 낯선 타국의 정서를 느낄 것이고, 외국인들은 이국의 체취는커녕, 자기의 주거지와 비슷한 데에 놀랄 것이다.

한번 경관이 뒤바뀌고 나면, 제주의 특색있는 풍물은 사라지고, 제주도가 지녀온 매력도 그 만큼 감소될 것임이 분명하다. 이제부터라도 경관변조景觀變造에 노력하는 그 정력은 다른 데에 쓰고, 경관은 그냥 자연의 흐름대로 맡겨두면 어떨까.

탐석의 즐거움

진 · 선 · 미는 인간이 희구하는 가치 이념이라 할 수 있습니다. 그중에서도 미美는 우리 삶의 질을 높여 인간답게 하는 가치입니다. 미는 메마르고 고된 삶에 윤기를 주어 일상생활에 활력과 기쁨을 되찾게 해줍니다.

진眞은 우리의 지성이 추구하게 마련인 이념이지만, 학문과 거리가 있는 사람은 진을 알 수 없습니다. 게다가 진실이라는 것은 차라리 몰랐더라면 더 좋을 만큼 때로는 무섭고 잔혹한 경우도 있습니다.

선善도 더할 수 없이 중요한 가치임에는 틀림없지만, 이것도 굳은 의지와 결의 없이는 실현할 수 없습니다. 개인은 물론이고 단체들이 이기주의에 파묻혀, 마땅한가 마땅하지 않은가, 옳은가 옳지 않은가를 따지지 않고 덤비는 요즈음의 세태 속에서 다른 사람에게 감동을 줄 만한 선의善意를 만나는 것이 그리 쉬운 일은 아닙니다.

그런데 미는 누구에게나 그 나름대로의 미적 감동에 가득 찬 모습으로 체험할 수 있습니다. 조금만 관심을 기울이면 일상생활 속 어디에서나 그 계기를 찾을 수 있습니다. 조금 벌어진 시멘트의 틈을 비집고 저절로 자라난 들꽃을 보노라면 자기도 모르게 일상의 번뇌煩惱를 잊고 살아있는 기쁨을 되찾게 됩니다.

기쁨은 행복으로 이어집니다. 아름다움을 찾는 가운데 기쁨을 느끼고, 기뻐하는 동안 행복에 잠깁니다. 수석인이라면 아름다운 돌을 찾으면서 체험하는 모든 순간들이 다 행복에 젖는 시간들임을 압니다.

탐석, 그것은 아름다운 돌의 발견, 곧 미의 발견입니다. 미의 발견은 미의 창조로 이어집니다. 그러므로 탐석은 예술 행위입니다. 자연과의 대화를 통해 자연미를 발견하고, 이를 통해 자신을 정화淨化시켜 가는 고도의 예술 행위입니다.

우리는 보통 한국의 아름다운 산하山河를 찾아, 그 자연미를 완상玩賞하면서 그 속에서 아름다운 돌을 찾습니다. 그러므로 우리가 찾는 미美의 고향은 한국의 산하요, 자연입니다. 한국의 자연미가 그 바탕이 되는 것입니다. 조그만 돌멩이에서 한국의 자연미自然美를 찾습니다. 작은 돌에서 한국의 산하를 찾습니다.

우리가 사랑할 수밖에 없는 한국의 산하, 여기에서 나온 우리가 좋아할 수밖에 없는 수석, 그러므로 우리 수석인은 모두 애국자가 될 수밖에 없습니다. 작은 조약돌 한 알에서 한국의 미를 찾는 애국자인 것입니다.

한국의 자연미가 곧 수석미壽石美의 원천이라면, 그 자연미는 어떠한 것인지 한번 생각해 볼 필요가 있겠지요. 여기에는 여러 가지 설명이 있겠지만 저는 그냥 먼 이국에서 향수에 젖어, 눈 감으면 떠오르는 고향 산천이라고 말하겠습니다.

그런데 저는 마침 고향이 제주 섬이고, 제주에서 주로 탐석을 하고 있어서 제주 특유의 자연미가 곧잘 탐석에도 영향을 줍니다. 제가 특히 좋아하는 수석은 제주 산야의 주요한 경관을 형성하는 '오름', 썰물 때에만 드러나는 '여'의 이미지를 주는 돌들입니다.

오름은 여자의 젖무덤과 같은 이미지를 주는 것으로 그것은 평화를 상징합니다. 오름을 보고 있노라면 오름 너머로 대단한 세상이 있을 것 같지는 않고, 바로 여기 오름 기슭이 평생 살고 싶은 곳으로 여겨집니다. 평화는 인류가 지향하는 지고한 염원으로서 생명을 바쳐서라도 지킬 가치가 있는 것입니다.

여는 간조 때에만 드러나는 바위섬입니다. 때로 풍랑에 헤매는 배들에게는 암초가 되기도 하지만, 왜적선倭敵船을 좌초시키는 기능도 갖고 있었습니다. 더구나 해녀들에게 여는 바다의 밭이 되곤 합니다. 해녀들은 깊은 바닷속에 들어가지 않고도 여에서 소라와 전복들을 채취할 수 있습니다.

풍랑에 부딪치고 할퀴어지면서도 의연한 모습을 드러내는 여, 잔잔한 바다 위에서는 수줍은 듯 긴 팔을 벌려 포구를 만드는 여는 제주 바다를 아름답게, 아기자기하게 장식합니다. 오름과 여를 닮은 수석이 참으로 정겹게 다가옵니다.

탐석은 탐험도 아니고, 모험도 아닙니다. 그래도 탐험이나 모험 이상으로 우리를 몰입시키는 매력이 있습니다. 그것은 일상생활에서는 당연히 금기시되는 요행僥倖이나 운運, 재수財數, 그리고 우연偶然이 많은 작용을 하기 때문입니다.

누군가 이른바 명석名石이라고 하는 것을 주웠을 때, 모두들 운이 좋았다고 생각하게 마련입니다. 그가 그 장소에 갔기 때문에 필연적으로 줍게 되었다고 생각하지 않습니다.

명석을 줍는다는 것은 정도의 차이는 있지만 요행과 우연에 의한 경우가 많습니다. 일상은 진지함과 성실성을 띠고, 확률과 인과因果를 따져 행동하지만 탐석은 우연과 운에 의지하여 행해집니다. 눈에 불을 켜고 탐욕스럽게 탐석하기보다 바람 부는 대로 물의 흐름을 따라 발길 가는 대로 떠돌다 보면 참으로 인연이 닿아 우연히 눈에 띄는 것입니다. 여기에 탐석의 묘미가 있습니다.

일상은 경쟁의 장으로 긴장과 스트레스의 연속입니다. 사람들은 이것을 풀고 벗어나기 위해 술을 마시고 때로는 도박에 빠지기도 합니다. 그런데 이런 행태行態가 더 큰 화를 부르기도 합니다. 일상을 요행이나 우연에 의존할 수는 없습니다.

그렇다고 인생을 너무 엄숙하게만 견지堅持하면 불행해질 수도 있습니다. 인생을 진지하고 엄숙하게 대하면서도 가끔은 요행과 우연을 통해 긴장을 푸는 시간은 참으로 행복합니다. 탐석의 시간이 바로 그러한 시간이라고 할 수 있습니다.

어쩌면 수석인은 탐석, 수석 감상 등을 통해 다른 사람들보다 훨씬 행복에 잠기는 시간이 많다고 할 수 있습니다. 수석을 좋아한 지 40여 성상星霜, 저는 탐석을 통해 생각만 해도 즐겁고 행복한 순간들을 향유享有하고 있습니다.

뱀과의 동거

이제는 평생 살 집을 짓고 싶었다. 지금까지는 내 집보다는 셋집에서 산 세월이 더 길었다. 마침 과수원이라도 할 양으로 사두었던 땅이 도시계획에 포함되어 집 지을 땅이 생기게 되었다. 더구나 이 땅의 인접 지역은 나의 증조부가 살던 곳으로 옛 고향에 찾아온 것 같은 친숙함을 느끼는 곳이었다.

대지 87평 위에 30평이 조금 모자라는 집을 지었다. 전통적인 제주 초가 양식을 살리면서도 편의성을 가미하려고 했으므로, 집 구조가 ㄷ자형이 되어 복잡하게 되었다.

지붕에 '송이*'를 덮고, 집 외벽에는 현무암 판을 붙여, 제주 초가의 모양을 내려고 하였다.

뜰에는 녹나무, 후박나무, 단풍나무, 귤나무 등을 심고, 그 사이에는 철쭉과 같은 관목, 주목과 구상나무와 같은 귀한 나무도 심었다. 집 대문 안쪽 주차장 구석에는 오죽도 심었다.

20년이 흘러가는 동안 나의 집은 많은 변모를 겪었다. 우선 지붕은 이끼가 잔뜩 덮여, 푸른 융단이 덮인 것처럼 사시절 녹색을 띠어, 관광객들이 유심히 쳐다보곤 한다.

그렇게 정성스레 심었던 녹나무와 담팔수는 하늘 높은 줄 모르고 자라다가 된서리를 맞았다. 가지가 지붕 위로 치솟고 뿌리는 집안을 넘보고 있어서 망설이다가 베고 말았다.

주목과 구상나무는 녹나무 그늘에서 저절로 죽고 말았다. 잡초들 사이에서 기를 못 피는 서양 잔디는 갈아엎고, 대신 채소를 심었다.

요사이에 우리 집에서는 초대 받지 않은 것들이 활개를 친다. 새들의 똥 속에서 싹이 튼 팔손이와 종려나무들이 담벼락 근처에서 제멋대로 자라고 있다. 맹꽁이는 북쪽 담벼락 틈에서 곧잘 운다. 특히 남쪽 주차장 자갈 틈에서는 연초록 색의 작은 뱀이 살고 있다.

내가 게을러 방치하고 있는 사이에 우리 집은 어느덧 도시 속의 옛 자연이 되고 있다.

* 송이: 화산 쇄설물의 제주 방언.

인간의 향기

6월 초순의 어느 날 저녁, 나는 창문을 반쯤 열어젖히고 책을 뒤적이고 있었다. 그때, 밖에서 물큰 어떤 향기가 내 후각을 자극하는 것이었다. 그것은 길거리에서 짙은 화장을 한 여인이 지나갈 때 풍기는 그러한 냄새보다 더더욱 강렬한 것이었다. 이상하다고 생각하고 창밖을 보니까 마침 내 누이동생이 마당에서 서성거리고 있었다. 나는 속으로 '저게 시집갈 때가 되니까 화장만 하고 다니는군,' 하고 약간 괘씸하게 생각하면서 다시 책장을 넘겼다.

그런데 조금 있으려니까 다시 그 향기가 물큰물큰 풍겨 왔다. 누이는 그 자리에 없었다. 고개를 내밀고 창문과 인접한 화단을 보았다. 그 냄새는 바로 흰 백합화에서 나오는 꽃의 향기였다.

나는 그날 밤은 물론이고, 그 후 여러 날을 백합의 향기에 취하면서 지냈다. 그리고 그 백합이 시들어버리는 것이 무척도 아쉬웠다.

후에 소엽 풍란을 몇 촉 사다가 돌에 붙인 것이 반갑게도 꽃대가 나오고 얼마 지나지 않아 곧 꽃을 피우기 시작했다. 이 꽃의 냄새는 백합처럼 자극적이고 선정적煽情的인 냄새가 아니라 아주 은은하게 나오는 미향微香이었다. 이제는 이 꽃도 말라서 떨어져 버리고 내 방엔 지리한 장마와 함께 퀴퀴한 곰팡이 냄새만 풍기고 있다. 이제는 꽃의 향기는 방 어느 구석에도 남아 있지 않다.

인간에게도 특유한 냄새가 있다. 대개의 양키들은 우리의 후각에 의한다면 고린내와 비슷한 냄새가 난다. 한국인들은 김치 냄새가 난다고 한다. 담배를 많이 피우는 사람은 항상 니코틴 냄새를 풍기고 다닌다. 소주에다 마늘을 즐기는 사람은 가까이 앉기가 역겨울 정도로 지독한 냄새를 피운다.

그런데 이러한 냄새는 악취는 아니라고 하더라도 향기도 못 된다. 그러면 인간에게는 본래 향기가 없는 것일까? 벌이나 나비가 향기에 끌려 꽃을 찾듯이, 우리가 며칠만 못 만나도 견딜 수 없을 정도로 보고 싶은 정도로 보고 싶은 사람이 있는 경우를 '인간의 향기'라고 부른다. 술 냄새나 니코틴 냄새에도 불구하고 그 인간의 따스한 정에 이끌리고 그의 고아高雅한 품격에 끌리고, 그의 애타愛他의 희생정신에 머리 숙이게 될 때, 그는 그의 특유한 향기를 지니고 있다고 말하게 된다. 그러므로 인간의 향기는 우리의 감각을 통하여 들어오는 냄새가 아니라, 그의 아름다운 행위로 하여 당대는 물론 오래도록 그를 아는 사람들에게 희망과 기쁨과 광휘를 주는 향기인 것이다.

인간의 향기는 번쩍거리는 훈장에서가 아니라 그의 아름다운 행위에 의해서 영원히 발산되고 있는 것이다. 그리하여 인간은 죽어서 똑같이 흙이 되지만, 향기를 지닌 인간만은 잔류한 인간들과 함께 호흡하면서 계속하여 빛과 기쁨을 주고 있는 것이다. 가슴으로 맡는 향기, 가슴에 남아있는 향기, 이것이야말로 인간의 향기인 것이다.

섬문화의 향기

나는 딸은 없이 아들 삼 형제만 두었다. 둘째와 셋째는 인천에, 큰아들은 내 집 길 건너편에 살고 있다. 길이라고 해야 일차선의 한적한 길이어서 왕래에 불편이 없다. 울타리만 없을 뿐, 한 울안에 사는 것과 다름이 없다.

전통적인 한국 가족제도의 관점에서 본다면 큰아들은 분가하지 않고 당연히 한 지붕 아래서 의식衣食을 같이해야 한다. 그런데 제주도는 옛날부터 장남이건 차남이건 가리지 않고 혼인을 하면 분가하여 독립적인 가계를 꾸려나가는 것을 원칙으로 한다.

한 울타리 안에 사는 경우에는 '밖거리(바깥채다 유사한 제주 방언)'를 따로 지어서, 부자父子두 세대의 가족이 두 채의 집에 각기 따로 산다. 부엌을 달리하여 식사도 따로, 경작지도 따로, 자잘한 가계家計까지 따로한다.

울타리 밖에서 보면, 모든 것을 다 공유하는 것으로 보이겠지만, 실제로는 아들의 것과 아비의 것이 확연히 구분되어 있다. 그래서 제주도의 속담에 "애비 아들 사이도 범벅에 그뭇(선)을 긋는다."는 말이 있을 정도이다.

제주도의 옛 분들은 특히 바쁠 때에는 메밀이나 보릿가루로 범벅을 만들어, 한 개의 함지박에 퍼서, 가족들이 둘러앉아 먹었다. 한 그릇 속의 범벅은 동작이 빠른 자가 더 많이 차지할 수 있는데, 그럴 경우에는 몫이 골고루 분배될 수가 없다. 그래서 한계를 분명히 하려면 범벅에 선을 그어 각자의 몫을 확실히 해두지 않으면 안 된다는 것이다.

조선조 양반의 눈으로 보면 이런 생활 양식은 분명 기이하고, 쌍놈의 짓에 가까운 것이라고 생각될 수 있다. 한 지붕 아래서 부모님을 극진히 봉양하는 것이야말로 자식된 도리를 다하는 효의 근본이라는 것이다. 그러나 그 속에서 특히 고부姑婦간의 갈등을 삭히지 못해 가정 파탄의 비극이 상존해 왔던 것이다.

그런데 요사이는 맞벌이 부부인 경우 고부간의 갈등의 주도자가 시어머니에서 며느리로 옮아져 가는 영향이 있다. 옛날에 누렸던 시어머니의 위상이 약해져, 어느덧 며느리의 눈치를 보는 상황으로 전개되고 있는 것이다.

제주도에서 부모와 자식 사이에도 가계의 한계를 긋고, 자식을 혼인시킨 후에는, 철저히 자립의 생활방식을 취했다고 하여 효를 등안시했던 것은 아니다.

까마귀도 석 달 열흘이 지나면, 부모의 공을 갚는다는 속담이 있다. 알에서 부화되어 백 일이 지난 까마귀는 홀로서기를 하면서, 자기 어미에게 먹이를 물어다 먹이며 은공을 갚는데, 하물며 사람이 부모에 극진함이 없다면 어찌 사람일 수 있겠느냐고 질책한다.

한 울타리 속에 살면서도 집과 가계를 따로 하는 것은 요사이에 만연되고 있는 핵가족 형태에 해당하는 것이다. 그런데 핵가족 제도도 결점이 없는 것은 아니다. 전통적인 대가족 제도에서 일어나기 쉬운 고부간의 갈등은 완화될 수 있겠지만 노인들의 고독이나 손주들의 양육 문제는 풀 수 없다. 노인들은 손주들을 돌보면서 자기가 살아온 길을 돌아보며 자기 자신을 새롭게 발견할 수 있다. 손주들은 조부모들의 가득한 사랑 속에서 응석을 부리며 선량한 사람이 되어 가는 것이 우리의 이상이라면, 제주도의 가족 형태는 바로 이런 삶에 맞는 생활양식이다.

나는 큰아들 소생인 25개월 된 손녀와 둘째 아들 소생인 15개월 된 손자를 두고 있다. 손자는 멀리 떨어져 있어 자라는 모습을 몇 개월에 한 번씩밖에 볼 수 없다. 그래서 손녀에 비하면 정도 덜한 편이다. 그런데 손녀는 한가할 때마다 항상 같이 있게 된다. 하루라도 못 보면 못 배긴다. 처음엔 한 팔로 안아도 가볍던 것이 이제는 양팔로도 무겁게 느껴진다. 날마다 자라나는 모습을 볼 수 있다. 대신 나는 퇴보하고 있다는 것을 느낀다. 아기가 한마디를 익히면 나는 두 마디를 잊고 만다. 아기가 한 치 자라면 나는 주름살이 한 줄 더 는다. 나는 한 알의 씨앗이 되어 썩어가는데, 그 위에 싱싱한 새싹이 돋아 나오고 있는 것이다.

아기가 원하는 것이라면 무엇이든 베풀고 싶다. 아기를 열광하는 팬이다. 잘 자라 행복하기를 염원할 뿐이다. 아기를 통해 새삼스레 내가 어렸을 무렵, 조부모님들의 사랑을 느낀다. 인자하고 자상한 모습이 가슴속에 스며온다. 아기처럼 자랐고, 조부처럼 늙어가면서 나의 길을 간다.

한 지붕이 아니라 한 울타리 속의 별채에서 식생활을 구분하여 사는 것은 부모와 자식간에 서로 자유롭고 속박되지 않는 장을 제공한다. 필요할 때는 언제든지 도움을 청하고, 또 도와줄 수 있다. 맛있는 음식도 언제든지 나누어 먹을 수 있다.

한 울타리 속에서 식생활을 구분한다고 하더라도 부모와 자식간에는 때로는 긴장 관계가 없을 수 없다. 이 긴장을 해소하는 매개체가 되는 것은 손주들이다. 귀여운 손주들을 보고 있노라면, 자식들에 대한 섭섭함도 늙은이의 외로움도 안개처럼 사라지고 마는 것이다.

제주도의 노부모들은 자기 힘으로는 도저히 움직일 수 없을 정도로 노쇠하기까지는 스스로 의식을 감당하며 살아간다. 그러므로 일정 분의 재산을 상속하지 않고 그대로 간직하여 노후에도 위엄을 잃지 않는다.

제주인들은 대체로 남의 힘에 기대어 살지 않고, 자립하려는 독립심이 유달리 강하다. 이것은 노부모나 젊은 자식들이 가정에서부터 그 나름대로 일정한 거리를 두어 사는 생활방식에서 비롯된다고 할 수 있다. 부모와 자식 간에도 경제적으로 한계를 유지한다면, 오히려 부모에 대한 존경심과 자식에 대한 사랑은 더욱 간절해짐을 느끼게 된다.

육지로부터 격절되고, 척박한 땅을 일구면서, 옛날부터 제주섬에서 배태된 한 울타리 속의 자립 주거 양식은 아무리 해도 오늘날에도 더욱 필요한 생활양식이라 할 수 있다. 제주 선인들이 어려운 환경 속에서 터득한 생활의 지혜는 아직도 그 향기가 짙게 배어 나오고 있다. 옛날부터 자연스럽게 형성되어 오늘날에도 그 빛을 발휘하는 문화야말로 향기로운 문화인 것이다.

항파두리의 냉이

눈이 그친 지 3일째, 제주에는 비교적 온화한 날씨가 계속되고 있었다. 한라산을 제외하면 들판은 눈이 많이 녹아 예전의 모습을 되찾고 있었다.

아내가 느닷없이 항파두리성에 냉이를 캐러 가자고 한다. 항파두리라는 말에 선뜻 승낙했다. 제주시 애월읍 고성에 있는 항파두리성은 우리 집에서 차로 20분 거리에 있지만, 참으로 오랫동안 가보지 못했다. 아내는 벌써 부엌칼 두 자루와 포대를 준비하여 놓고 있었다.

항파두리성에는 이른 봄 햇살이 따스하게 비치고 있었는데, 관리사의 유리창으로 언뜻 사람들의 모습이 보일 뿐 관광객은 없었다.

아내가 미리 그 위치를 들어서 알아 둔 밭으로 들어섰다.

땅은 눈이 녹은 지 오래되지 않아 약간 질퍽거렸다.

천여 평 남짓한 밭이 온통 냉이밭이었다. 밭 임자가 일부러 씨를 뿌려둔 것처럼 냉이들로 가득 차 있었다.

냉이는 햇빛이 잘 드는 밭이나 길에서 자라는 두해살이풀이다. 제주어로는 난시 또는 난생이라고 한다. 가을에 싹이 터, 어린 뿌리잎을 사방으로 동그랗게 펼친 채 겨울을 난다. 뿌리잎은 여러 장이 다 함께 모여 나고, 깃 모양으로 깊게 갈라진다. 이 잎은 겨울 동안에는 검붉은 색을 띠지만, 봄이 되면 점점 초록색으로 변한다. 겨울의 어린 잎이 땅위에 달라붙은 모양은 땅속에 꽃송이를 꽂은 것처럼 아름답게 보인다.

밭 서쪽에는 길고 얕게 남북으로 가지런히 홈이 파여 있다. 고려 때 몽고에 대항하여 마지막까지 싸운 삼별초의 유물을 찾는 자리이다. 순간, 당시의 상황이 주마등이 되어 나의 뇌리 속을 흘러갔다.

고려 고종 31년[1231년]부터 원종 14년(1273년)까지 40여 년 동안은 우리 민족 사상 가장 괴로웠던 국란기였다. 당시 세계를 정복한 징기스칸의 나라, 몽고는 동방공략으로 8차례에 걸쳐 우리나라를 침략해 왔다. 고려는 수도를 강화도로 옮기고, 39년 동안 몽고에 저항하였으나, 역부족으로 원종 11년(1270년) 침략자에게 굴복하여 그들이 강요하는 개성으로 환도하지 않을 수 없었다. 그래도 삼별초는 항복할 수 없었다. 중국, 러시아, 유럽, 아라비아 등 세계가 항복하고 고려 조정까지 항복하여도 삼별초는 항복할 수 없었다.

중과부적의 힘으로 비록 3년 동안이나마 진도를 거쳐 제주까지 이르면서 독자적으로 최후까지 항쟁했다는 사실에서 그들의 강인한 자주호국의지를 읽을 수 있다. 삼별초의 장수, 김통정은 70여 명의 부하들과 함께 한라산으로 들어가서 목매 자살하였고, 이로써 삼별초의 항쟁은 막을 내렸다고 역사는 전한다.

구전에 의하면 김통정은 흙붉은 오름에서 최후의 항전을 하기 전에 자기의 가족이 적에게 유린당하지 않도록 먼저 죽이고, 전쟁터에 나갔다고 한다. 그의 죽음이 이보다 더 처절하고, 이보다 더 장렬할 수가 있을까. 그의 호국정신이 비할 데 없이 엄숙해짐을 느낀다.

냉이의 원뿌리는 곧고 곁뿌리가 많아 쉽게 뽑히지 않는다. 게다가 뿌리잎은 많이 돋아 대지에 달라붙어 있다. 그래서 바람이 불어도 흔들리지 않는다. 짓밟아도 짓이겨도 원형이 쉽게 손상되지 않는다. 삼별초의 불굴의 의지가 여기에도 스며 있는 것일까.

봄이 무르익으면, 냉이는 줄기와 가지 끝에 하얀 작은 꽃들을 다닥다닥 피운다. 열매는 거꾸로 세운 세모꼴의 모양으로 창끝을 닮았다. 그런데 창끝이 밖으로 향하고 있는 것이 아니라 자기의 뿌리잎 중심으로 향하고 있다. 마지막 남은 삼별초 병사들이 자살하는 모습이 연상되어 애처롭다.

비장미悲壯美가 깊숙이 서려있는 항파두리에서 난시亂時에 그 빛을 더욱 발했던 삼별초를 생각하며 잡초 '난시'에서조차 그들의 저항정신을 찾는다면, 우리도 그들의 자랑스러운 후손들이 되지 않겠는가. 그래서 항파두리는 몽고제국의 최후의 항전지로서 세계사적 의의를 드높일 수 있고, 짓밟혀도 짓이겨도 죽지 않는 냉이를 되씹으면서 선인들의 호국의지를 음미하고 있다.

억새의 노래

억새는 이 산야의 초원을 지배한다. 그 강하고 억센 뿌리는 한여름의 뙤약볕 아래서도 꺼지지 않는 생명력을 지녀, 순식간에 산야를 덮고 만다. 자기가 피우는 꽃이 풍만하지도 찬란하지도 못하더라도 억새는 결코 좌절하는 일이 없다.

여름의 억새는 황야의 제왕이다. 다른 모든 군생群生들이 시들고 있는 동안, 그 치렁치렁한 잎새를 실바람으로 빗어 넘기며, 따가운 햇살에 맞서 촌로村老처럼 웃고 만다. 촌로의 굵은 손마디와 같은 뿌리가 대지를 움켜잡는다. 그리하여 한 방울의 수분도 남김없이 빨아올리기에 여념이 없다. 여기 저기 기웃거릴 틈이란 좀처럼 없는 것이다. 이렇게 농축된 힘은 가을의 춤으로 이어진다.

가을의 억새꽃이 춤을 추고 있다. 다른 무리가 상념에 젖어

숨을 죽이며 다가오는 겨울로 하여 움츠리고 있는 동안, 억새는 온 누리에 가득히 춤을 추고 있다. 백발 같은 씨앗을 이 산야에 흩날리며, 어쭙지않은 춤을 춘다. 내가 좋아서 추는 춤에 무슨 형식이 필요하랴. 율동도 없이 마구잡이로 춤을 춘다.

얼씨구 어지럽게 춤을 춘다. 어울리며 뒤엉켜 질서 없이 춤을 춘다. 흐느적거리며 바람 들려 제멋대로 춤을 춘다. 어제도 생각 없이, 내일도 준비 없이 마구잡이춤을 춘다. 희뿌연 하늘 아래 구경꾼도 없이 춤을 춘다.

겨울의 억새꽃이 흐느낀다. 차갑고 매서운 하늬바람에 흐느낀다. 내 어머니 묻힌 무덤 곁에서 흐느낀다. 어머니 영혼이 저렇게 흐느끼고 있는 것일까. 산야에 묻힌 모든 영혼들이 또 저렇게 흐느끼고 있는 것일까. 생전에 못다 한 여한餘恨들이 저러한 몸놀림으로 하여 풀리는 것일까.

억새꽃이 통곡한다. 파도치는 벼랑 위에서 통곡한다. 불귀不歸의 객客이 된 어부의 아내처럼 울고 있다. 세상이 다하도록 지곡止哭 없이 울고 있다. 잎새도 찢기고 줄기도 끊어져, 하염없이 울고 있다.

산불이 인다. 억새가 탄다.

불꽃은 산기슭을 올라 등성이를 넘어 봉우리에 오른다. 산이 타고 하늘이 붉게 물들어 온다. 칠흑 같은 밤에 능선이 빨간 화선火線으로 선명하게 그려진다. 둔부가 나타나고 젖무덤이 그려진다. 이 뜨거운 화염火焰 속에 마른 잎, 썩은 줄기, 어느 것 하나 남김없이 타버린다. 열화熱火 속에 여한이 빨려 들어가고, 분노도 빨려 들어가고, 미련도 녹아 버린다. 짓밟히고 찢긴 앙상한 모습은 더 이상 유지할 필요가 없다. 몸부림치고 울어 보아도 파삭 메마른 잎에 푸름이 깃들 수가 없다.

태우자. 남김 없이 태우자. 최상의 기쁨을 안고 가장 아름다운, 광휘光輝로운 불꽃을 피우자. 그리하여 생명력의 원천인 이 황야에 귀의歸依하자. 더 강한 생명력을 내뿜기 위해 이 황야에 묻히자. 순간적인 불꽃은 영겁永劫으로 이어진다. 무한대의 공간과 시간 속에 내 자취를 뚜렷이하고자 하는 오만과 만용을 부려서는 안 된다. 불꽃 속에서 내가 이렇게 아름다움을 안다.

봄이 온다. 광휘의 불꽃으로 시커멓게 타버린 황야에 따스한 바람이 불기 시작한다. 자연의 생명력이 대지에 가득하다. 땅속 깊이 자리한 억새의 뿌리가 자연의 호흡에 맞추어 주체할 수 없는 생명력을 내뿜기 시작한다. 더 싱싱하고 더 많은 싹이, 타버린 억새의 잿더미 위에서 약동하고 있다. 스스로 타지 않았다면, 이처럼 기운찬 싹을 뻗지는 못했을 것이다. 그래서 정녕 사死는 생生으로 이어지는 길목이려니.

돌담과 지름작지

삼다의 섬, 제주에는 돌도 많고 바람도 세차게 자주 분다. 여다女多는 한결같은 것은 아니고, 여자들의 활동상이 많기 때문에 여자가 많은 것처럼 보이기도 한다.

'석다石多'와 '풍다風多'는 자연현상으로 인간의 힘으로는 어쩔 수가 없다. 그것을 인내와 지혜로 극복하는 일만이 중요한 것이다.

겨울의 세찬 '하늬'바람을 마셔 본 사람은 제주의 자연이 녹록지 않음을 안다. 살을 에는 듯한 차가운 바람은 아닐지라도 옷깃을 여미고 다소곳이 걸어야 견딜 수 있는 바람이다.

돌부리에 걸려 앞으로 넘어져 본 사람은 돌멩이가 흉기가 될 수 있다는 생각을 갖게 된다. 아닌 게 아니라 내가 중학교에 다닐 무렵, 제주시 용연으로 가는 좁은 길에서 두 노인이 말다

툼을 하는 것을 보았는데, 한 노인이 느닷없이 돌멩이를 손에 쥐고 상대편 노인의 이마를 가격하는 것이었다. 왈칵 피가 쏟아지면서 맞은 노인은 주저앉고 말았다. 싸움은 그것으로 끝났다.

돌멩이와 바람을 잘 활용하여 위기에서 벗어난 경우는 제주 신화에서 나오는 농신農神 자청비가 아닌가 한다. 그녀가 종놈 정수남이의 꾀임에 빠져 옷을 몽땅 벗고, 알몸으로 물가에 가서 엉덩이를 물 위에 반사되도록 하면서 물을 마실 때, 자기 몸이 그에게 아롱다롱 탐닉되는 것을 깨닫고, 위기를 벗어나기 위해 꾀를 부린다. 사랑놀이를 위해서는 먼저 돌로 에워싸서 바람을 막을 움막을 지어야 한다고 설득한다. 담을 쌓은 후에도 돌담 사이에 난 구멍을 메워 찬바람을 막으라고 한다. 정수남이는 열심히 마른 풀로 구멍들을 메우고, 자청비는 그것을 몰래 빼는 사이에 밤이 지샌다. 동서로 날뛰는 그를 겨우 달래어 자기 무릎 위에서 잠깐 자도록 유인한다.

자청비는 자기의 몸을 지키기 위해서는 그를 죽일 수 밖에 없다는 것을 깨닫고, 청미래덩굴 꼬챙이로 정수남이 왼쪽 귀에서 오른쪽 귀를 가로질러 찔러 죽이고 강간당할 위기를 벗어난다.

제주도 선인들은 위기 때는 물론, 일상에서도 돌을 이용하여 바람에 맞서 바람을 밥으로 먹으면서 자연을 극복하려고 노력하였다.

오름에 돌광 지세어멍※은
둥글어댕기당도 살을메 난다.
놈의 첩광 소낭긔 ᄇᆞ름은
소린 나도 살을메 읏다
버륵버륵 살마꽂은
ᄒᆞ를 피영 읏어나진다
(오름에 돌과 지세어멍은
굴러다니다가도 살 도리 난다.
남의 첩과 소나무 바람은
소린 나도 살 도리 없다.
번듯번듯 반하半夏꽃은
하루 피어 없어진다.)

민요학자 고故 김영돈 교수는 위 민요에서 인고·불패忍苦·不敗와 자강·실행自彊·實行의 정신을 집약해볼 수 있다고 하면서, 제주도민들은 외실내허外實內虛한 바람은 제쳐두고 외허내실外虛內實한 돌의 생리를 택했다고 본다.

오름에 있는 돌은 바로 본처와 같아서 쓸쓸히 굴러다니다가도 세월이 가면 언젠가는 살길이 생기는데, 소나무 가지에 부딪치는 바람 소리는 소실처럼 겉으로는 요란하게 화려하면서도 끝내는 살 길이 마련되지 않는다는 것이다. 소실이나 바람처럼 겉만 화려한 것에 곁들여 화사하게 피었다가 곧 시들어버리는 반하꽃이 강조됨으로써 노래의 뜻을 한층 뚜렷이하고 있다고 한다.

제주도민들은 '석다石多'를 좋든 싫든 천혜적 자산으로 받아들였다. 오름 비탈에 놓인 돌들은 오랜 세월 갖은 풍상을 숙명처럼 받아들이면서도 불평없이 감내한다.

다공질의 현무암에서는 자식들을 먼저 저세상으로 보낸 부모들의 통한의 마음을 읽는다. 그래도 자강의 의지로 인고하면서 불패不敗의 뜻을 세운다.

돌멩이 한 개로는 아무 일도 못 한다. 사방으로 싸고, 상하로 쌓였을 때 제구실을 한다. 이것이 돌담이다.

큰 돌을 맨 밑에 놓고, 그 위로 작은 돌들을 쌓아 가면 안정감이 생겨 무너지지 않는다. 큰 돌이 균형을 잡기 위해서는 작은 돌들이 빈틈을 보충해 주어야 한다. 바닥이 고르지 않을 때는 자갈을 깔아 큰 돌을 안정시킨 후 쌓기 시작한다. 이렇게 자연의 이치를 따르면 숙달된 기술이 없어도 돌을 쌓을 수 있다.

강풍이 불어도 밭담은 무너지지 않는다. 서로 물린 돌멩이 사이로 바람이 여과되기 때문이다. 바람이 빠져 나가지 못하면 밭 안에서 회오리가 되어 휘둘러 불면서 밭작물을 심하게 망가뜨리고 만다.

바람이 세차게 부는 겨울날, 애월면 곽지리 둔덕에 서면, 북쪽에서 파도가 연이어 흰 포말을 내며 몰려 오고, 남쪽에는 이에 맞서는 것처럼 밭담들이 횡대로 줄지어 의연히 서 있는 것을 볼 수 있다.

제주의 선인들은 아기 고사리손 같은 작은 돌들은 '지름작지(기름자갈)'라 하여 밭에 그대로 널려 두고 경작하여 왔다. 그러나 이렇게 자갈이 많은 땅을 경작하는 것은 쉬운 일이 아니다. 게다가 잡초도 많아, 이들이 무성하기 전에 자주 뽑아주어야 한다.

한여름, 뙤약볕 아래에서 호미로 자갈 속을 헤집어 잡초를 뽑다 보면, 땀방울은 어느덧 눈으로 스며들고, 돌부리에 손가락은 쏘이고, 호미는 자갈에 부딪혀 쟁그랑 소리를 내며 튕겨 나온다. 그러므로 이런 자갈이 많은 밭을 아무래도 기름지다고는 할 수 없다. 그래도 자갈만은 고집스럽게 기름지다고 한다.

원래 제주도의 대부분의 땅은 화산회토로 '뜬 땅'이라 하여 찰기가 적고 보수력(保水力)이 낮다. 물론 밭에 자갈이 있으면 경작하기에는 아주 불편하지만 자갈이 덮여 있는 곳은 온도와 습기가 다소 유지되고, 흙이 바람에 날려가는 것도 어느 정도 방지 할 수 있다.

쌀밥에 참기름을 섞은 밥을 기름밥이라고 하여 귀하게 생각하듯 기름자갈은 자갈을 소중하게 관념하도록 의도적으로 붙인 이름이라고 할 수 있다. 어쩔 수 없이 경작한다는 자세와 그래도 그것이 있어서 다행이라고 적극적으로 생각하는 자세는 확실히 다른 효과를 볼 것이다.

밭 가운데 잡초 속에 제멋대로 널부러져 있는 자갈들을 '지름작지'라고 관념하는 제주도 선인들의 철리哲理를 숙고한다. 인고하면서 자강하는 돌의 미학을 기름자갈에서 찾는다.

화산회토의 메마른 땅에 강풍이 몰아치고, 호우가 쏟아지고, 한재로 농작물이 말라죽고, 참혹한 역사가 이 땅을 마구 할퀴고 지나갔어도 돌담은 의연하고, 지름작지는 자유롭게 나동그라질 뿐이다.

※지세어멍. 정절을 지키며 집안 일을 잘 돌보는 아내

까마귀 소리

우리 집 앞, 걸어서 5분도 못 되는 곳에 건천乾川이 있는데, 이 시내는 비가 많이 올 때만 2, 3일 흐르다가 웅덩이만 남기고 흐름이 멈추어버린다. 제주도 지질의 특징이라고 할 수 있는 이런 건천도 예전에는 마소에게 물도 먹이고 빨래도 했으나, 지금은 해송海松들만 무성하게 자라 숲을 이루어 하늘을 가리고 있다.

이 숲에 까마귀들이 살고 있다. 몇 마리인지는 모르지만, 날마다 한두 번씩은 까마귀 우는 소리를 듣는다. 4·3사건 당시에도 울었다. 바로 이 근처에서 울었다. 까마귀들이 울 때마다 어머니는 몹시 불안해하셨다. 까마귀가 울면 저승사자가 온다는데, 그렇지 않아도 군경들한테 언제 죽을지 모르는데, 까마귀가 우는 것을 보니 더욱 공포가 엄습해 왔다. 그때 여덟 살이었던 나도 잘못한 것 없이 불안했었다.

세월이 흘러 노인이 되는 동안에도 까마귀에 대한 특별한 기억은 별로 없지만, 언젠가 냇가에서 혼자 탐석探石을 하고 있을 때 까마귀 한 마리가 공중에서 울며 끈질기게 쫓아오다가 사라져버린 일이 생각난다.

또 한번은 잔뜩 흐린 어느 봄날, 한라산 기슭 공동묘지 근처에 아내와 함께 고사리를 꺾으러 간 일이 있다. 흐린 날은 고사리가 눈에 잘 띄는 이점이 있었다. 나는 고사리 꺾는 즐거움보다는 아내를 보호한다는 생각으로 쫓아갔다.

고사리밭에 간 지 얼마 없어 날씨가 요동치기 시작했다. 비바람이 안개와 함께 몰려오고 있었다. 게다가 까마귀 한 마리까지 소리없이 깡충거리며 쫓아오고 있었다. 순간 저승차사가 머리에 떠올라 소스라치게 놀랐다. 돌멩이를 던졌다. 잠깐 동안 사라지더니 다시 나타났다.

지금 생각해 보면 이 까마귀들은 모두 사람들이 야외에서 먹다가 흘리거나 버린 음식들을 구하러 쫓아다니는 것이었다. 해마다 묘소에서 묘제를 할 때면 으레 여러 마리가 '까옥'거리며 가까이에서 음식 찌꺼기라도 던지기를 기다리는 것을 본다. 그때는 예전에 동네 잔치 때 가끔 나타나 조용히 기다리는 거지가 생각난다. 그런데 까마귀들은 시끄럽다. 취해서 떠드는 소리처럼 요란하다. 아마도 새들이 우는 소리들 중에서 가장 듣기 싫은 소리일 것이다.

제주도 신화 차사 본풀이에서는 까마귀가 저승의 전령으로 나온다. 어느 날, 저승사자 강님은 염라대왕으로부터 이승에 가서 여자는 70세, 남자는 80세가 되거든 저승에 오도록 전하라는 명을 받았다.

강님은 분부대로 적패지赤牌旨를 가지고 이승으로 가다가, 다리를 뻗고 쉬는 동안 까마귀를 만났다. 강님은 까마귀가 대신 전하겠다고 자청하는 바람에 그것을 까마귀에게 떠맡겼다.

적패지를 날개에 끼고 이승으로 날아오던 까마귀는 말을 잡는 광경을 보았다. 말 피나 얻어먹으려고 기다리다 지친 까마귀는 잘못하여 적패지를 떨어뜨리고 말았다. 그때 마침 돌담 구멍에 사리고 있던 뱀이 그것을 삼키고 사라졌다.

옆에는 솔개가 한 마리 앉아 있었다. 요놈이 틀림없이 훔쳐 갔다는 생각이 들었다.

"내 적패지 내놓으라, 까옥."

"아니 보았노라, 빽고로록."

그들은 영원히 견원지간이 되도록 싸웠다. 까마귀는 아무리 다투어도 소용이 없음을 알았다. 할 수 없이 이승으로 날아온 까마귀는 자기 멋대로 외쳐댔다.

"아이 갈 데 어른 갑서, 까옥.
어른 갈 데 아이 갑서, 까옥.
부모 갈 데 자식 갑서, 까옥.
자식 갈 데 부모 갑서, 까옥.

자손 갈 데 조상 갑서, 까옥.

조상 갈 데 자손 갑서, 까옥."

이때부터 저승길은 거슬러 오르는 물이 되어 무질서하게 되었다. 까마귀 때문에 인간의 생사는 자연의 이치와는 어긋나게 되었다는 것이다. 자연의 이치대로 따른다면 어른이 어린이보다 먼저 죽어야 하는데, 예전에는 어린이들이 역병으로 죽은 예가 많았고, 그 이유를 신화에서는 저승으로 올 순서를 적은 적패지를 잃어버린 까마귀에게서 찾았던 것이다.

인간들에게 구질구질하게 추근대는 이 까마귀의 울음소리에 귀를 기울이게 된 것은 그가 효조孝鳥라는 사실을 알고 난 후부터이다.

까마귀의 새끼가 자라서 늙은 어미에게 먹이를 물어다 주는 것을 반포反哺, 즉 안갚음이라고 한다. 이처럼 까마귀는 예부터 효조로 알려져 왔다.

> 늙으신 어버이 모시고 살아도
> 맛진 음식 대접 못 하네.
> 저런 미물도 사람 감동시키는데,
> 숲에서 먹이 찾는 까마귀 보며 눈물 흘리노라.

이 시는 조선 광해군 때의 문신 박장원朴長遠의 것으로, 까마귀의 효성에 미치지 못하는 자신의 불효를 반성하고 있다. 오늘날에도 장성한 자식이 늙은 부모에게 효도를 다할 때, 이를 반포의 효에 비유하고 있다.

무심코 들으면 까마귀 소리는 언제나 똑같이 시끄럽게, 기분 나쁘게 들리지만, 귀를 기울여 들으면 아침에 울 때와 오후에 우는 소리가 다르게 들린다. 아침에 우는 새는 배가 고파 울고, 저녁에 우는 새는 임 그리워 운다는 노래도 있지만, 배고파 우는 소리와 임 그리워 우는 소리가 똑같을 수는 없다.

작년 청량한 어느 가을날 오후, 제주시 수목원 길을 걷고 있는데, 저 멀리 공중에서 까마귀 한 마리가 우는 소리가 들렸다. '까오옥' 하고 길고 느리게 우는 소리가 사뭇 처량하고 외롭게 들려 짝을 찾는 소리처럼 들렸다.

또 언젠가 오전에는 집 앞 건천이 있는 숲에서 여러 마리의 까마귀가 거칠고 빠르게 한참 동안 우는 것을 듣게 되었다. 소나무가 무성하게 우거져 까마귀들은 보이지 않고, 우는 소리에만 귀를 기울이다 보니, 그들이 이렇게 언쟁을 벌이고 있는 것처럼 들렸다.

'젊은 새끼들아, 옛날 4 · 3사건 때는 늙은 까마귀들이 놀고 있어도 배가 터지도록 먹었다드라. 요사이는 왜 입에 풀칠하기도 어렵냐, 까악.'

'그때는 군경들이 눈에 띄는 마소들은 모두 총으로 죽여, 들에는 죽은 가축으로 넘쳐 있었대요. 지금은 그때 없었던 까치 놈들까지 설쳐대는 것, 보셨지요? 음식물 쓰레기통은 냄새난

다고 뚜껑을 꽉 닫아버리고…. 그 좋던 옛날만 생각하지 맙서. 까옥.'

'이 간세다리(게으름뱅이)들아, 나무 꼭대기에 앉아 암컷만 찾지 말고, 구석구석 찾아봐. 까악!'

'꼴통 같은 헛소리 그만하세요. 이제는 쥐꼬리라도 나누어 먹을 수밖에 없어요. 까옥.'

얼마 전 울타리를 공유하고 있는 동녘 집 주인이 집을 팔고 이사를 갔다. 뜨락이 100평 이상이나 된 넓은 대지에는 버리거나 흘리고 간 먹을거리가 널려 있었다. 집이 텅 비어 있는 것을 잘도 아는 까마귀들이 며칠 동안 자기 집처럼 드나들며 활개를 쳤다.

어느 날, 까마귀 한 마리가 홀로 동녘 집 지붕 위에 앉아, 내가 지금까지 들었던 소리와는 전혀 다른 소리를 내고 있었다. '까르루르' 하고 마치 탁구공이 마루에 떨어졌을 때 구르는 것과 같은 소리와 함께 날개를 퍼덕이며 깡충깡충 뛰고 있는 것이었다. 입에는 먹이도 물고 있었다. 순간 나는 까마귀가 어미 까마귀에게 먹이를 주는 모습을 볼 수 있겠다고 생각했다.

담벼락에 기대어 한참을 기다려 보았으나 어미새는 날아오지 않았다. 저 까마귀가 새끼인지 아닌지도 알 수가 없다.

까마귀는 3, 4월에 알을 낳아 품는데 부화된 지 백 일이 지나면 홀로서기가 가능해지고, 이때부터 그 간에 입은 부모 은공을 갚기 위해 먹이를 구해서 어미 입속에 넣는 일을 게을리하지 않는다는 것이다. 이때에 어린 까마귀의 부리는 붉은 색을 띄고 있어 이것으로 어미와 새끼를 구분할 수가 있다고 한다.

산책하는 동안에 자주 까마귀 우는 소리를 듣는다. 그때마다 항상 궁금한 것이 있다. 무엇보다도 늙은 까마귀가 몹시 배가 고플 때는 어떻게 우는지, 새끼 까마귀에게 어떻게 불평하는지 듣고 싶다.

새끼가 커서 어미에게 먹이를 주는 모습도 보고 싶다. 어쩌다가 썩은 고기 한 조각이라도 물어다 어미 앞에 줄 때는 어떻게 소리내어 자랑하는지 듣고 싶다. 그것을 손자와 손녀에게 자세하게 알려주고 싶다. 또 자연을 잘 관찰하면 참으로 감동적인 일들이 일상적으로 일어나고 있다는 것도 가르쳐 주고 싶다.

까마귀가 울며 전하는 말은 그 음산한 울음소리에도 불구하고 변함없는 효행을 눈여겨보라고 한다.

■ 작가 연보

약력

1940. 2월 15일 제주시 연동에서 출생
1960. 제주제일고등학교 졸업
1966. 제주대학 법학과 졸업
1972. 해병 예비역 대위
1973. 고려대학교 대학원 법학석사
1983. 고려대학교 대학원 법학박사
1976. 제주대학 전임강사
1979. 제주대학교 조교수
1984. 제주대학교 부교수
198.9 제주대학교 교수
1990. 제주대학교 법정대학장
1991. 공인회계사 시험위원
1993. 사법시험위원

문단 경력

1996. ≪수필과비평≫ 신인상
2000. 제주수필문학회 회장 역임

2007. 제주수필과비평작가회 초대회장

저서

1985. ≪억새의 노래≫(4인 수필집)
2004. ≪전쟁과 놀이 그리고 지옥≫(월남 참전기)
2007. ≪가시나무 자루≫(수필집)
2017. ≪금강산의 메아리≫(수필선집)

수상

1992. 중앙선거관리위원회위원장 표창
2007. 대한민국 홍조근정훈장
2008. 신곡문학상

현대수필가 100인선Ⅱ · 88
서경림 수필선

금강산의 메아리

초판 인쇄 2017년 8월 20일
초판 발행 2017년 8월 25일

지은이 서경림
펴낸이 서정환
펴낸곳 수필과비평사 · 좋은수필사
주소 서울시 종로구 삼일대로 32길 36(운현신화타워) 305호
전화 02)3675-5635, 063)275-4000 팩스 063)274-3131
등록 제 300-2013-133호
이메일 sina321@hanmail.net essay321@hanmail.net

ISBN 979-11-5933-111-4 04810
ISBN 979-11-85796-15-4 (전100권)

값 8,000원

이 도서의 국립중앙도서관 출판예정도서목록(CIP)은 서지정보유통지원시스템 홈페이지(http://seoji.nl.go.kr)와 국가자료공동목록시스템(http://www.nl.go.kr/kolisnet)에서 이용하실 수 있습니다.(CIP제어번호: CIP2017021038)